आज का रंग - गाइड के संग

राजकुमार अरोड़ा गाइड

Made with ❤ on the Notion Press Platform
www.notionpress.com

क्रम-सूची

क्रम-सूची

परिचय

राज कुमार अरोड़ा 'गाइड'

नाम - राज कुमार अरोड़ा 'गाइड'
जन्मस्थान - भिवानी (हरियाणा)
जन्मतिथि - 1 मार्च, 1957
शिक्षा – एम. ए. (हिन्दी)
कार्यक्षेत्र - पंजाब नेशनल बैंक से सेवानिवृत
अभिरुचि - लेखन, अभिनय, संभाषण, मंच संचालन,
समाजसेवासाहित्य प्रकाशन - मार्च 1979 में पहली कविता
प्रकाशितसंग्रह 'खिलते फूल' एवं तत्पश्चात उभरती कलियाँ,
रंगे बहार, जश्ने बहार प्रकाशित, अप्रैल 1979 से जून 1981 तक
'बहादुरगढ़ मासिक पत्रिका' का गौरवमयी प्रकाशन ।
अनियतकालीन पत्रिका
'निशांत' का समय - समय पर प्रकाशन।

महाविद्यालय पत्रिका 'प्रवीर' का तीन वर्ष लगातार संपादन ।
अन्य उपलब्धियां –
विभिन्न स्थानीय, राज्य, राष्ट्रीय स्तर की पत्र - पत्रिकाओं में लगातार हमारी मौलिक रचना का प्रकाशन ।
विश्वविद्यालय स्तर पर कॉलेज कलर का विशेष सम्मान ।
सभी स्तर पर कवि सम्मेलनों में निरंतर भागेदारी ।
"काव्य गौरव" व "साहित्य भूषण" सम्मान से सम्मानित ।
विशिष्ट उपलब्धियां –
जनवरी 2017 में एक और काव्य संग्रह "मुठ्ठीभर अहसास" प्रकाशित ।
साहित्य व समाजसेवा के लिये इस वर्ष गणतंत्र दिवस पर "विशेष प्रशस्ति पत्र" से सम्मानित ।
अपने यू ट्यूब चैनल "Rachmap TV" व अन्य विभिन्न यू ट्यूब चैनल में सौ से अधिक प्रस्तुति ।

संपर्क - 982 सेक्टर – 2, बहादुरगढ़
पिनकोड - 124507
जिला - झज्जर (हरियाणा)
मो. - 9034365672

1

आज का रंग - गाइड के संग

अपनी मुश्किलों को अपनों के बीच रख दीजिये...तो कुछ मुश्किलें कम होंगीं...या फिर...कुछ अपने...!!!

सिर्फ चाइना माल ही यूज़ एंड थ्रो वाला नहीं होता...आज के समय में कोई भी व्यक्ति चाहे वो बहुत अधिक नजदीकी हो या कुछ कम, को भी जरूरत के समय यूज़ कर...फिर थ्रो कर दिया जाता है...!!!

भगवान ने कहा-समझदार बीवी दुनिया के हर कोने में मिलेगी...फिर भगवान ने दुनिया गोल बना दी...अब ढूंढते रहो कोना...!!!

पति ने सुबह सुबह फेसबुक पर पोस्ट किया- आज की सुबह बहुत ही सुहानी है..आज का दिन अच्छा गुजरेगा...पत्नी ने लाइक किया और रिप्लाई किया- challenge accepted

आवश्यकता है...घर की चौखट पर....चावल से भरे लौटे को....लात मारने वाली लड़की की.......!

एक चिर कुँआरे की करुण पुकार-ऐसे ही
सिंगल नहीं हूँ मैं...जरूर ही किसी कमीनी
ने जादूटोना कर रखा है...!
हर गलती सॉरी बोलने से माफ नहीं होती, जनाब
कुछ गलतियों के लिये तो कूटना भी पड़ता है...!
आदमी कितना भी बड़ा क्यों न हो, ससुराल
में तो बीवी के नाम से ही जाना जाता है...ये
हमारी बड़ी वाली के वो हैं...!!!
कितने ही लोग जिम में एक्सरसाइज करते हुए
मर गए...पर एक भी बन्दा बार में पीते हुए नहीं
मरा...देखिये न! मैसेज तो एकदम क्लीयर है!
शेरों की तरह जीते थे, जब तक कमाते
नहीं थे...जब कमाने लगे तो हालत
शेरू जैसी हो गई...!
दो चूहे दण्ड बैठक लगा रहे थे, हाथी आया बोला-
यार, हमने भी सीखा दे!तो उनमें से एक चूहे ने
कहा-रहने दे, तेरी पिंडी सूज जायेगी...!
आजकल माँ बाप बच्चे को मारने के बाद
चुप कराने के लिये चॉकलेट देते हैं, हमको
तो पीटने के बाद, चुप कराने के लिये अलग
से पीटा जाता था...!
मैसेज डिलीट फ़ॉर एवरीवन करने के बाद तो बस
ऐसे लगता है...जैसे लाश ही ठिकाने लगा दी हो..!
अगर मैं न होती तो तुम्हारा क्या होता?
पत्नी जी के ये कहने पर पति- भला!
हम दोनों पति-पत्नी एक पिकनिक में गये!वहाँ
तात्कालिक निबन्ध प्रतियोगिता का आयोजन
किया गया, जिसमें मुझे विषय मिला- मैनें शादी
क्यों की? मैनें संक्षेप में लिखा-दिमाग खराब हो
गया था, मेरा!! मुझे 20 में से 19 नम्बर मिले, मेरी

श्रीमती जी को विषय मिला-मैं पत्नी क्यों बनी?
श्रीमती जी ने लिखा-किसी का दिमाग ठिकाने लगाना था! वो 20 में से 20 नम्बर ले गई...!
तुमने दसों उंगलियों में अंगूठियां क्यों पहनी हैं!मेरे पूछने पर वो बोले-इस उँगली में जो पहनी है, वो सगाई की है, बाकी सब इससे पैदा हुए उपद्रव को शान्त करने के लिये हैं!
कुछ राजनीतिक लोगों की गाड़ियां एक ही गैराज में ठीक होने आ गईं, भूल न हो जाये इसलिये सब पर नाम लिख दिया, हर गाड़ी की खराबी से जो एक नया मंजर हुआ, देखिए......मनमोहन सिंह- मॉडल पुराना हो गया, इंजन काम नहीं करता!लालू प्रसाद-कार्बरेटर में चारा अटक जाता है!राहुल गाँधी-गाड़ी पिकअप ही नहीं ले रही है!अरविंद केजरीवाल-पेट्रोल की टँकी में पानी भरा है!ममता बनर्जी-गाड़ी स्टार्ट होते ही गरम हो जाती है! नरेन्द्र मोदी-स्पीड तो कुछ ज्यादा ही बड़ी हुई है!सोनिया गाँधी-इंजन विदेशी है, खराबी समझ में नहीं आ रही!!!
अखबार में ऊपर खबर थी-पिचहत्तर वर्ष के बूढ़े ने तीस वर्ष की महिला से शादी कर ली! उसी के नीचे एक खबर का ये हैडिंग था- जब तक पुराने कर्मचारी रिटायर नहीं होंगें, नयों को रोज़गार कैसे मिलेगा...???
हफ्ते से भी ज्यादा लगातार खाँसी लगातार बनी रहे, तो वो टी बी बन जाती है...ऐसे ही समय पर यदि गर्ल फ्रैंड न बदलो तो...फिर वो बीवी बन जाती है...!
आज वो नब्बे वर्ष के हैं, डॉक्टर ने पचास वर्ष की उम्र में उन्हें शराब पीने से मना किया था, वो लगातार पीते हुए आज भी जिन्दा हैं और वो डॉक्टर तो पिछले साल चल ही बसा...!!!

बढ़ती जिम्मेदारियां स्त्री को खूबसूरत और
पुरुष को गंजा बना देती है...!!!
अपने किरदार से ही महकता है इन्सान,
चरित्र को पवित्र करने के लिये कोई भी
इत्र नहीं आता!...सौ बात की एक बात!

2

आज का रंग - गाइड के संग

अपनी जिन्दगी के सलीके...कुछ इस तरह से
मोड़ दो...जो तुम्हें नजरअंदाज करें...उन्हें फिर
नज़र आना ही छोड़ दो...!
बड़ी शिद्दत और जद्दोजहद से खिलाया था,
काँटो में गुलाब, वक्त का पहिया ही कुछ ऐसा
चला, गुलाब ही काँटो की चुभन दे गया...!!!
इस शहर में तो जीने के अन्दाज़ ही निराले हैं, होठों
पे लतीफे ही लतीफे हैं और आवाज़ में छाले हैं...!!!
अगर सर में दर्द हो तो घर वालों को कभी मत
बताना?क्योंकि कसूरवार तो हर बार मोबाइल
ही निकलेगा...!
न्यू जनरेशन के हाथ से आजकल मोबाइल छीनना
मतलब...आई सी यू के मरीज़ के मुहँ से आक्सीजन
मास्क ही उतार देना...!!
मैं ऑफिस से आया और पड़ोसन मायके से
सोसायटी गेट से थोड़ा अन्दर मिली!अपार्टमेंट
की सीढ़ियां चढ़ते देख पत्नी जी बोल ही उठीं-

स्टेशन लेने गये थे क्या...???
अलग अलग अँगूठियों से कितने ही ग्रह...ठीक कर लो लेकिन गृह पर तो आदमी की दशा तभी ठीक होगी जब बीवी चाहेगी...!!!
बात सीधी करने के भी कई गम होते हैं...सुना है चापलूसी करने वालों के दुश्मन कम होते हैं!
ईमानदारी से इतना घिरे रहे कि चापलूसी की तो मोहलत ही न मिली...हम बेईमानी न कर सके, इस लिये शोहरत भी न मिली....!!!
क्या आप पढ़े लिखो हो..? पूछने पर ये ज़वाब मिला कि पढ़ा लिखा तो नहीं हूँ...पर पढ़े लिखों की गलतियाँ खूब निकाल लेता हूँ....!!!
दो विधवा आपस में बात करते कह रहीं थी कि इन सुहागिनों से तो हम अच्छी हैं, कम से कम हमें ये तो पता है, इस समय हमारे पति कहाँ हैं...!!!
हर आदमी बेईमानी की तलाश में है...और हर आदमी चिल्लाता है...बड़ी बेईमानी है!
महिलाओं को भले ही स्वर्ग में जगह मिल जाये, मगर वे नरक में झाँक कर जरूर देखेंगी कि उनका पति किसी राक्षसी के साथ तो नहीं हैं...!
छाछ...नीम्बू पानी...ठण्डाई...शिकंजी...शर्बत ...लस्सी...आइसक्रीम... ये सब तो अंध श्रद्धा है सच्ची ठण्डक तो बीवी शान्त रहती है...तब ही मिलती है...!
वैक्सीनेशन की डबल डोज़ ले ली, और तो और अब फिर बूस्टर डोज़ भी लगवा ली, मुझे कोरोना नहीं होगा और मैं निश्चिंत हो कर चैन से जी लूँगा या मैंने शादी कर ली, अब तो मैं आनन्दपूर्वक जीऊँगा, ये एक जैसी दंतकथा है, सावधानी की जरूरत दोनों में है...!!!
बेइज्जती में अगर दूसरे को भी शामिल कर

लो.....तो आधी इज़्ज़त बच जाती है...!
ऐ दोस्त, ऐ हमदम मेरी हर गलती को ये सोच कर माफ़ कर देना कि तुम कौन से दूध के धुले हुए हो!
कुछ लोग धर्म के नाम पर लड़ते हैं, कुछ जाति के नाम पर, कुछ धन के लिये, सिर्फ पति-पत्नी ही ऐसे हैं, जो बस निःस्वार्थ व निष्काम भाव से बेवजह लड़ते रहते हैं!
लड़कियाँ हमेशा प्यारी होती हैं, पर बीवी इतनी खतरनाक क्यों, इस पर भगवान जी हँस कर बोले -मैं तो लड़कियाँ ही बनाता हूँ, उन्हें बीवी तुम बनाते हो, तुम्हारी समस्या तुम ही जानो...!
सीख जाते जो हम भी नकली मुस्कराहट का पैंतरा...ना जाने कितने हमारे अपने, हमें पराया न करते...!!!
गंजापन, चेहरे पर झुर्रियाँ, दवाईयों की भरमार, ये कोई बुढ़ापे की निशानियाँ नहीं हैं, जब बीवी शक करना बन्द कर दे तो समझो...बुढ़ापा आ गया!!
जिन्दगी जब भी मुश्किल समय में नाच नचाती है, तो ढोलक बजाने वाले हमेशा अपने ही होते हैं!---वाह! वाह! सही बात!

3

आज का रंग - गाइड के संग

हो जायेगा...!!!
इतना मीठा मीठा बोलती है पड़ोसन बस, क्या बताऊँ...कसम से शुगर ही हो गई है...मुझको!
वो तो शुक्र है...बीवी का...जो कड़वा कड़वा बोल कर के बैलेंस कर देती है...!!!
इस सँसार में बहुत ही कठिन पारिवारिक समस्या है...श्री मान का तो मान नहीं है और श्री मती में मति नहीं है...!!!
जब आप प्यार में होते हैं, तो आश्चर्य की ही उम्मीद करते हैं पर जब आप शादी कर लेते हैं तो आप को उस पर ही आश्चर्य होता है, जो तब घटता है...!
शादी के समय अधिकतर लड़के, लड़की के माता पिता को यह वचन देते हैं कि वो उनकी बेटी को अब पूरी उम्र खुश रखेगा पर लड़कियाँ कभी भी ये वचन नहीं देतीं लड़के के माता पिता को, कि वो उनके बेटे को अब पूरी उम्र खुश रखेगी...!

एक दार्शनिक पति का कहना है-हरेक पत्नी पति की MISTRESS कहलाती है, पहले वर्ष के लिये MISS उसके बाद पूरी जिन्दगी के लिये STRESS...!

एक सेठ के यहाँ छापा पड़ा तो इन्कमटैक्स अफसर ने कहा-बाकी सब तो ठीक है लेकिन आपने कुत्तों को जलेबी खिलाने का खर्चा 5 लाख रुपये जो लिखे हैं उससे हम संतुष्ट नहीं है, क्या आपका कोई पक्का दस्तावेज या बिल या कोई प्रूफ दिखा सकते हैं तो सेठ बोले-जी, मेरे पास तो इसका कोई प्रूफ नहीं हैं, तो इनकम टैक्स अफसर- सेठ जी, ये तो दिक्कत हो गई, हाँ, एक रास्ता है, यदि आप पच्चीस हजार रुपये दे दें तो हम बात को यहीं रफा दफा कर देंगे! सेठ जी मान गये और बोले- ठीक है साहब, मैं आपको 25 हज़ार देता हूँ। सेठ ने अपने मुनीम को आवाज़ लगाई और कहा- इन लोगों को 25 हज़ार रुपये दे दो व खाते में लिख देना कि कुत्तों ने 25 हज़ार की जलेबियाँ और खाईं...!

पति के कन्धे पर पत्नी ने सर रख कर पूछा-इन कन्धों पर कब तक सर रखने दोगे!पति ने तब बहुत ही सुन्दर ज़वाब दिया-जब तक कि लोग मुझे कन्धा नहीं देते...!

पति पत्नी के रिश्ते में परस्पर मान सम्मान, फिक्र, जिक्र, तारीफ़, विश्वास है!थोड़ी बहुत चुहलबाज़ी, तकरार, प्यार मनुहार नीरस को सरस बनाता है, बस मन्तव्य नेक हो, छींटाकशी बिल्कुल न हो! थोड़ा बहुत हास्य व्यंग्य भी इस रिश्ते को रिसने से रोकने, तनाव के बीच मुस्कान ही बिखेर, गुदगुदाने के लिये है, हँसी उड़ाने के लिये नहीं!

विवाह के अनेक दुखड़े हैं, पर कुँआरे रहने में भी कोई सुख नहीं, फिर दुखड़े में कुछ दिन सुखड़े भी तो आयेंगे न...!!!

जिस घर में सोना ज्यादा है...उस घर में रोना ज्यादा है...!!!
वक्त सबको मिलता है...जिन्दगी बदलने के लिये...पर जिन्दगी दोबारा नहीं मिलती...वक्त बदलने के लिये!...कितनी गहरी सच्ची बात!

4

आज का रंग - गाइड के संग

कभी ये मत सोचो कि आप अकेले हो...या फिर...अकेले कर दिये गये हो बल्कि...ये ही सोचो कि...आप अकेले ही काफी हो...!!!

एक ज़रा सी बात पर...बरसों के याराने गये...चलो अच्छा हुआ...कुछ लोग तो ऐसे में...पहचाने गये...!!!

अगर तुम मुझे दोबारा प्रपोज़ करोगे तो कौन से गाने पर करोगे?पत्नी के ये पूछने पर मैनें कहा-इतनी शक्ति हमें देना दाता!

मैनें जामुन के पेड़ के नीचे गुलाब का पेड़ लगाया है ताकि दोनों पेड़ मिल कर मुझे गुलाबजामुन दे सकें, बचपन से ही मैं ऐसे ही होशियार हूँ पर कसम से कभी भी इस बात का घमण्ड नहीं किया...!!!

बाप परेशान हैं, फसल बर्बाद न हो जाये और बेटा...स्टेटस लगा रहा है मैं बादल बन जाऊँ तो तुम...बारिश बन जाना...!!!

मैं तो बस सोने ही जा रहा था कि
अचानक बीवी ने पूछ लिया कि ये
जो सी बी आई वाले पाँच-छह साल
पुरानी चैट रिकवर करके निकाल लेते
हैं, ये कौन से सॉफ्टवेयर से निकालते हैं
भगवान कसम, तब से नींद कोसों दूर
भाग गई है...!!!
अब्दुल की इंस्टाग्राम पर एक लड़की से
दोस्ती हो गई...अब्दुल ने उसे इम्प्रेस करने
के लिये लिखा-चौदहवीं का चाँद हो या
आफ़ताब हो...उधर से रिप्लाई आया-
आफ़ताब ही हूँ अब्दुल भाई, फेक आई डी
बनाई थी...फिर भी आपने पहचान लिया!
लड़के के लिये ससुराल एक सरकारी
नौकरी की तरह है, ऑफिस गये तो दस
लोग साहेब की आवभगत में लग जाते
हैं और लड़की के लिये ससुराल तो एक
प्राइवेट नौकरी की तरह है...कितना भी
ओवरटाइम कर लो...टारगेट तो पूरा होने
से रहा...!!!
कॉम्पिटिशन आज इतना ज्यादा बढ़ गया है,
किसी को अपना थोड़ा सा दुख भी सुनाओ,
तो वो भी अपना डबल करके सुना देता है!
सँसार में लड़कियों की दो ही चॉइस हैं-
पहली--इस कलर में कोई और डिज़ाइन
दिखाओ....दूसरी--इस डिज़ाइन में कोई
और कलर दिखाओ...!
कहते हैं आदमी, गलती कर के ही सीखता है
ध्यान रखिये, सिर्फ आदमी?...समझ गये न!!
मुस्कराते हुए जो बहुत रोया होगा, यकीन

मानो...उसने बहुत कुछ खोया होगा...!!!
पति चाहता है पत्नी उसका हाथ पकड़े, लेकिन पत्नी पकड़ती है उसकी नस, समय समय पर ऐसे दबाती है, बेचारा पति बिलबिला जाता है!
किसी जरूरतमन्द इन्सान तक इस तरह छुप कर दान पहुँचाओ...जिस तरह बड़ी जॉइंट फैमिली में तुम बीवी तक रबड़ी पहुँचाते हो...!!!
चाइनीज़ मोहब्बत थी...साहब टूट कर बिखर गई...पर दिल तो हिन्दुस्तानी था...एक और पटा ली....!!!
क्या चोचले हैं, शादी के बाद...चूड़ी पहनो हार डालो, बिन्दी लगाओ, माँग में सिन्दूर भरो, तुम्हें शादीशुदा दिखने के लिये कुछ नहीं करना पड़ता, पत्नी के ये कहने पर मैं बोला...अरे! हमें क्या करना है?हमारी तो शक्ल से ही पता लग जाता है...!!!
व्हाट्सएप इनस्टॉल करने के बाद पिता ने होस्टल में रह रहे बेटे को मैसेज किया-बेटे, कुछ मजेदार जोक्स भेज!बेटा बोला- अभी तो में पढ़ाई कर रहा हूँ, भेजता हूँ थोड़ी देर बाद! इस पर पिता ने रिप्लाई किया-यह मस्त था...ऐसे ही और भेज..!
इच्छाओं की सड़क तो यारो!..बहुत दूर तक जाती है..बेहतर होगा कि जरूरतों की गली में ही मुड़ जायें...!!!
दो कबूतर दाना चुगने एक खेत में उतरने ही वाले थे कि पहला कबूतर बोला- भाई, रुक जा, खेत में आदमी खड़ा है तो दूसरा कबूतर बोला- नालायक वो पुतला है...आदमी होता तो हाथ में मोबाइल तो जरूर ही पकड़ा होता...!!!

सभी लोग मरते हैं...पर वास्तव में सभी लोग
जीते नहीं हैं...!!!
वह मज़ा नहीं....दुनिया के किसी भी कोने में
जो मज़ा है...सुबह उठ कर फिर सोने में...!
उसने कहा मेरे दिल में तेरे लिये कोई जगह
नहीं, मैनें कहा-कोई बात नहीं, तो फिर दिमाग
में ही रख ले, वो तो खाली है...!
ज़िम में पसीना बहा कर स्टील बॉडी/एप्प्स बनाने
का फायदा?जब पाँच फीट की बीवी के सामने
तुम ज़ुबान भी न खोल पाओ...!
चाहे कितना भी भलाई का काम कर लो,
उस भलाई की उम्र, सिर्फ अगली गलती
होने तक ही सीमित है!...गहरी सच्ची बात!

5

आज का रंग - गाइड के संग

जिन्दगी ने सवालात बदल डाले...वक्त ने हालात बदल डाले...हम तो आज भी वही हैं...बस लोगों ने अपने ख़्यालात बदल डाले...!!!

व्हाट्सएप का सबसे बड़ा फायदा ये है कि बहुत सारी औरतें आपस में बात करती हैं फिर भी आवाज़ नहीं होती...!

इतना तो बगुला भी...मछली पकड़ने के लिये चोंच नहीं निकालता होगा...जितना ये लड़कियाँ आजकल, सेल्फी लेने के समय होंठ निकालती हैं!

दोस्त की शादी नहीं हो रही थी...फिर मैनें उसकी कपड़े धोने, बर्तन माँजने, झाड़ू पोछे करने की तस्वीरें एक दिन shadi.com.पर डाली! तब कहीं जा कर रिश्ते आने शुरू हुए!

बूढ़े नहीं वरिष्ठ बनो - बुढ़ापा तो...अन्य लोगों का आधार ढूंढता है...वरिष्ठता...लोगों को आधार देती है...बुढ़ापा छुपाने का मन करता...वरिष्ठता

उजागर करने का...बुढ़ापा अहंकारी...वरिष्ठता
अनुभवसम्पन्न,विनम्र व सयंमशील...बुढ़ापा...नई
पीढ़ी के विचारों से छेड़छाड़...वरिष्ठता...युवा पीढ़ी
को बदलते वक्त के साथ जीने की छूट...बुढ़ापा...
हमारे ज़माने में ऐसा था की रट...वरिष्ठता...बदलते
समय से अपना नाता जोड़ती व अपनाती...बुढ़ापा
नई पीढ़ी पर राय थोपता...वरिष्ठता...तरुण पीढ़ी की
राय समझने का प्रयास...बुढ़ापा...जीवन की शाम में
अपना अन्त ढूंढता...वरिष्ठता...जीवन की शाम में भी
नये सवेरे की इंतज़ार व युवाओं की स्फूर्ति से प्रेरित
बस इसी अंतर को गम्भीरता से समझ लीजिये जीवन
का पूर्ण आनन्द,उम्र कोई भी हो... सदा फूल की तरह
खिलें...उमंग उत्साह में रह...दूसरों के लिये बनें...प्रेरणा!
अगर ये तय है...कि जो दिया है...वो लौट के
आयेगा...तो क्यूँ न...सिर्फ खुशियाँ और दुआयें
ही दी जायें...!!!
काम ऐसे करो कि लोग आपको...किसी दूसरे
काम के लिये बोलें ही नहीं...!!!
सबसे ज्यादा बेइज़्ज़ती तब भी होती है जब आप
भीड़ से भरी दुकान पर कुछ ले रहे हों और बच्चे
ज़ोर से बोल दें-पापा ये मत लो, मम्मी डाँटेगी...!!!
बेटा, जब मैं तुम्हारी उम्र का था, उस समय महंगाई ज्यादा
नहीं थी, मैं 50 रुपये में हफ्ते भर का राशन ले आया करता
था, पिता के ये कहने पर ज़वाब मिला-जरूर ले आते होंगे
पापा उन दिनों सी सी टी वी कैमरे नहीं होते थे न...!!!
दूल्हा विदाई के समय तब घबरा गया जब उसकी
सास ने रोते हुए उससे कहा - बेटा अपना ख्याल
रखना और हो सके तो हमें माफ कर देना...!
ये कैसी फोटो खींची है तुमने,पीछे कुत्ता भी आ गया
- पति के ये कहने पर पत्नी जी मन्द - मन्द मुस्कान से

बोलीं - हाँ, तो क्या हो गया! फोटो के साथ कैप्शन लगा देना, आगे वाला मैं हूँ...!!!

आप को किसी न्यूरोलॉजिस्ट को दिखाना पड़ेगा, आपको दिमाग वाले डॉक्टर की जरूरत है! जांच के बाद डॉक्टर ने कहा! मैं तो यो सोच कर आया था, डॉक्टर साहब आपके पास दिमाग होगा...!

लड़की का पिता भागा भागा इवेंट मैनेजर के पास गया और घबराते हुए बोला - अरे...ओ भाई, मूँग का हलवा तो धड़ल्ले से ले रहे हैं लोग और मावे की गर्म रबड़ी ज्यों की त्यों पड़ी है...हलवा खत्म हो गया तो मेरी इज़्जत रबड़ी में मिल जायेगी! वो बोला - अरे, आप चिंता न करें, अभी कुछ करता हूँ, उसने अपना वाकी टॉकी निकाला और बोला - पूजा,ऐसा करो, मूँग के हलवे से पूनम को हटा कर रबड़ी पर खड़ी कर दो और हलवे पर सोहनलाल को लगा दो! फिर वो सेठ जी से बोला - निश्चिंत रहिये आप, अब रबड़ी ही ज्यादा उठेगी...!!!

मैं ऐसे लड़के से शादी करूँगी, जिसका कारोबार ऊँचा हो! लड़की के ये कहने पर लड़का - फिर तो मैं, आपके लिये बिल्कुल ही सही हूं, मेरी पहाड़ पर नाई की दुकान है!

एक नौजवान डॉक्टर भावुक हो, अपनी प्रेमिका से कह रहा था - तुम्हारे नयनों में तो जीवन ज्योति है, मस्ती का टॉनिक है, तुम्हारे सामीप्य से तो ऐसा महसूस होता है कि अन्तिम साँस लेने वाले को ऑक्सीजन का भण्डार मिल गया हो, तुम्हारे गदराये जिस्म में क्लोरोफार्म जैसी मदहोशी है......तुम ...तुम...इतना सुन वो बोली-बस, बस बन्द करो ये बकवास, मैं तुम्हारी प्रेमिका हूं या डिस्पेंसरी!

जिन्दगी के हाथ तो नहीं होते...लेकिन कभी कभी

वो ऐसा थप्पड़ मारती है...जो पूरी उम्र याद रहता है!
टेंशन की इतनी आदत हो गई, कभी कुछ भी न हो रहा हो,तो इस बात की टेंशन हो जाती है, सब कुछ ठीक कैसे चल रहा है....???
पति और पतंग एक जैसे होते हैं, थोड़ी सी ढील छोड़ो...पड़ोसन की छत पर पहुँच जाते हैं...!!!
बचपन में मेरी इच्छा थी, कोई मुझे मिले, जिसे पा कर मैं, सब कुछ भूल जाऊँ...फिर मुझे ये मोबाइल मिला...!
मुस्करा कर दर्द को सहना क्या सीख लिया...सब ने यही सोच लिया...हमें तकलीफ़ ही नहीं होती..!

6

आज का रंग - गाइड के संग

अहमियत तो यहाँ हैसियत को मिलती है साहब...एक हम हैं, जो बस जज़्बात लिये फिरते हैं...!!!

पत्नी को इतना गुस्सा रोते हुए बच्चों पर नहीं आता जितना आराम से सो रहे पति को देख कर आता है...!!!

बाल विवाह ही ठीक था साला...अब तो विवाह तक बाल ही नहीं बचते...!!!

अगर आप 50 से कम उम्र के हैं तो अभी सुधरने की उम्र नहीं हुई है और अगर 50 से अधिक उम्र के हैं, तो अब सुधर के करना भी क्या है...???

चतुर चालाक पत्नियाँ...शादी की मेकअप वाली फोटो ताउम्र संभाले रहती हैं...पति से झगड़ा होने पर बच्चों को दिखा कर कहती हैं...देख बेटा...मैं कैसी थी और तेरे पापा ने कैसा बना दिया...!!!

अगर आप अपनी बीवी को आँखें नहीं दिखा सकते...तो हमें दिखाइये... वर्मा ऑप्टिकल्स, पुराने बस अड्डे के पीछे...!

गब्बरसिंह का चरित्र एक छात्र ने कहने पर यूँ लिखा - शहर की भीड़ से दूर जंगल में रहना, एक ही कपड़े में कई दिन गुजरना, खैनी के बड़े शौकीन, अनुशासनप्रिय - कालिया व उसके साथी को प्रोजेक्ट ठीक न करने पर सीधे गोली मारी, दयालु प्रकृति - ठाकुर को कब्जे में लेने के बाद सिर्फ हाथ काट कर छोड़ दिया चाहते तो गला भी काट सकते थे, वो नृत्य संगीत प्रेमी थे, उनके मुख्यालय में तो ऐसे कार्यक्रम चलते ही रहते थे, महबूबा महबूबा जब तक है जां जाने यहाँ, बसंती को देखते ही परख लिया कि कुशल नृत्यांगना है! हास्य रस प्रेमी - कालिया व उसके साथियों को हँसा - हँसा कर ही मारे, खुद भी ठहाका मार के हँसते थे, वो इस युग के लाफिंग बुद्धा थे! नारी सम्मान - बसंती का अपहरण पर सिर्फ उसका नृत्य देखने का अनुरोध, उनके आदमी गुज़ारे के लिये बस सूखा अनाज माँगते थे, कभी बिरयानी, तंदूरी मुर्गा, चिकन टिक्का की मांग नहीं की, भिक्षुकों जैसा जीवन था उनका और तो और रात को बच्चों को सुलाने का काम भी करते थे, टीचर ने ये सब पढ़ा तो उनकी आँखें भर आईं और बोला - सारी की सारी गलती जय और वीरू की थी...बेचारा गब्बरवा तो बहुत बड़ा समाजसेवक था...!!!

मोबाइल कम्पनियां अगर सच बोलने लगें तो दंगे हो जाएं...आपने जिस व्यक्ति को फोन किया है वो जान - बूझकर फोन नहीं उठा रहा है...!!!

हड़ताली डॉक्टरों ने ये अपनी मांगें भेजी हैं, बड़े साहब, क्या करें? पी ए के ये कहने पर वे बोले - पहले तो इन्हें

पढ़ने के लिये किसी केमिस्ट को बुला लो...!
बच्चों का पालन पोषण कैसे करें? यह पुस्तक बेटे को,पढ़ते देख पिता ने पूछ लिया - तुम तो खुद अभी बच्चे हो,ये क्यों पढ़ रहे हो! तो ज़वाब - मैं यह जानना चाहता हूँ, मेरा पालन पोषण ठीक ठाक ढँग से हो रहा है या नहीं!
एक सन्त प्रवचन कर रहे थे...जिसे प्रेम करते हो उसे स्वतंत्र छोड़ दो तभी वहाँ बैठी एक महिला बोली- छोड़ा था जी, पड़ोसन के घर बैठे मिले!
जिस पुरूष ने आज के समय में बीवी और नौकरी तथा स्मार्ट फोन के बीच में सामंजस्य सही से बैठा लिया हो,वह तो फिर पुरूष नहीं महापुरुष कहलाता है...!!!
यदि पति घर का हैड है तो पत्नी घर की गर्दन है, जो हैड को किसी भी दशा में घुमा सकती है!
सर, मेरी बीवी पूछ रही है, मेरी सैलरी कब बढ़ाओगे! कर्मचारी के ये पूछने पर बॉस- तो ठीक है फिर, मैं अपनी बीवी से पूछ कर बताता हूं...!
शादीशुदा लाइफ का तो मज़ा ही कुछ और हैं, खाने को मिले या न मिले, सुनने को भरपूर मिल जाता है...!
निकले हैं वो लोग मेरी शख्सियत बिगाड़ने, जिनके खुद के किरदार मरम्मत मांग रहे हैं!
डॉक्टर साहब बढ़ते वजन से परेशान हूँ, तबीयत भी ठीक नहीं रहती! मरीज़ के ये कहने पर डॉक्टर - आप सुबह शाम व्यायाम के साथ खेल भी खेलिये! इस पर मरीज़ - मैं रोज़ फुटबाल, क्रिकेट व टेनिस खेलता हूँ! तो डॉक्टर - अरे वाह! बढ़िया, तुम रोज़ कितनी देर खेलते हो! तो मरीज़ बोला - जब तक मोबाइल

की बैटरी खत्म नहीं हो जाती...!!!
अच्छा पति किसी को नहीं मिलता, मिले हुए
को ही ठोक - ठाक के अच्छा बनाना पड़ता है!
कोई भी लड़की शक्ल से बुरी नहीं होती, साहब!
बस, कुछ को मेकअप करना नहीं आता...!
सस्ती च्युंगम और घटिया लोग शुरुआती दौर
में मीठे ही लगते हैं...!
सुनिये जी, जो आदमी यहाँ दारू पी कर नाच रहा
है न! मैनें दस साल पहले उसे रिजेक्ट कर दिया था!
पत्नी के ये कहने पर पति - कमाल है, इतने साल बीत
गये, साला अभी तक सेलिब्रेट कर रहा है......!!!!
पूछ लेते वो बस मिज़ाज़ मेरा...कितना
आसान था इलाज मेरा...!!!
ईश्वर के अलावा वकील साहब का दफ्तर ही
एक ऐसी जगह है जहाँ इन्सान अपने गुनाह
कबूल करता है...!!!
जरूरी नहीं कि अच्छी बातें करने वाला हर
इन्सान अच्छा हो...आज कल साजिश करने
वाले भी बहुत मीठा बोलते हैं!..यथार्थ सत्य!

7

आज का रंग - गाइड के संग

खुद को हमेशा स्पेशल समझो...क्योंकि
भगवान...कुछ भी फालतू नहीं बनाता है!
मेरा तो लक ही खराब है...यदि
सर्दी में हाथ तापने भी बैठूँ तो धुंआ
मेरी तरफ ही आयेगा...!!!
लोगों की बातें कभी दिल पर नहीं लेनी
चाहियें, वो तो अमरूद खरीदते समय
पूछते हैं - मीठे हैं न! और बाद में नमक
लगा कर खाते हैं!
अपनी खुद की गलतियों पर हँसना
आपकी उम्र बढ़ा सकता है, ध्यान
रहे, बीवी की गलतियों पर हँसना
आपकी उम्र घटा भी सकता है!
शराबी और साँप, चाहे जितने मर्ज़ी टेढ़े
मेढ़े चलें, पर अपने घर में तो सीधे ही
हो कर घुसते हैं!
कुछ लड़कियाँ अच्छे पति के लिये

16 सोमवार का व्रत रखतीं हैं और
अधिकतर उनके पति को देख कर
लगता है कि शिव जी 16 के
16 सोमवार ही छुट्टी पर थे...!
पति शेर का शिकार कर घर पहुँचते ही
बोला - तुम्हारे लिये शेर की खाल लाया
हूँ, एक बार तो गज़ब ही होने को था,
ऐसा भी मौका आया जब शेर मुझे खा
ही जाता तो पत्नी जी बोलीं - तब तो मैं
मै बर्बाद ही हो जाती, तुम्हारी तो खाल
भी किसी काम न आती!
आप आजीवन जीजा बने नहीं रह
सकते, आज नहीं, तो कल फूफा हो
कर मार्गदर्शक मण्डल का हिस्सा तो
बनना ही होगा....!
आज रात मेरे साथ तीन दोस्त आ रहे हैं,
अच्छा सा खाना बना कर रखना, पति के
इस मैसेज का पत्नी जी ने कोई ज़वाब
नहीं दिया तो दूसरा मैसेज किया - मेरी
सैलरी बढ़ गई है, अगले महीने सोने की
अँगूठी ले कर दूँगा तो पत्नी ने मैसेज
किया - ओ, माय गॉड, सच्ची! तो पति जी
ने मैसेज किया - नहीं, ये बात नहीं, मैं तो
यही चेक कर रहा था कि तुमने मैसेज
पढ़ लिया न! नहीं तो फिर तुम्हारा तो यही
कहना होता, मुझे तो मैसेज ही नहीं मिला!
सर्दी में गोभी फ्रिज में न रखें,कीड़ों को
ठण्ड लग सकती है,जीवों पर दया करें..!
हमारे पास एक ऐसी चीज़ है जिसे पहन
कर आप पूरी दुनिया देख सकते हैं,पर

आपको कोई नहीं देख सकता, कीमत
पाँच हज़ार रुपये, होम डिलीवरी फ़्री ये
ऐड पढ़, मेरी उत्सुकता बढ़ी तो प्रीपेमेंट
ऑन लाइन आर्डर कर दिया पर जब
पैकेट खोला तो 'बुर्का' निकला...!
पति ने पत्नी से पूछा - तुम आखिर घर
में करती ही क्या हो? तो पत्नी ने कहा -
बस इतना ही कि तुम मकान को घर
कह सको...!!!
इन्वेस्टमेंट ऑफिस के बाहर क्या ही बढ़िया
लिखा हुआ देखा - अमिताभ बच्चन के साथ
'बागबान' में और राजेश खन्ना के साथ 'अवतार'
में जो हुआ, वो आपके साथ न हो तो आज ही
रिटायरमेंट प्लानिंग कर लीजिये...!!!
वजन कम करने की सोच रहा था...कि
गाज़र के हलुवे ने मुझे देख...फिर मैनें
गाज़र के हलवे को देखा...फिर क्या?
फिर गाज़र के हलुवे का वज़न कम हो गया
जब पाप का घड़ा भर जाये तो घड़ा हटा कर
ड्रम लगा देना चाहिये क्योंकि सुधरना तो हमने
है ही नहीं...!
मेरा दर्द किसी के लिये हँसने की वजह हो
सकता है पर मेरी हँसी कभी भी किसी के
लिये दर्द की वजह नहीं होनी चाहिये...!
फेसबुक और व्हाट्सएप की इतनी बुरी आदत
लग गई है कि कल पड़ोसन ने एक्सरे दिखाया
तो nice pic निकल गया मुहँ से...!
जब आप दुनियाँ को समझने लगें और
आप दुनियाँ की समझ में आना बन्द हो
जायें तो समझ लेना कि जिन्दगी सही

दिशा में जा रहा है.......!
जीवन एक वृत है, खुशी उसका केन्द्र बिन्दु,
जीवन को बड़ा बनाने के लिये खूब पैसा
कमाते हैं, स्वास्थ्य की परवाह किये बिना
जी जान लगाते हैं, हकीकत में खुशियों
से दूर हो जाते हैं....।
रिश्तों की टूटी हुई माला जब दोबारा जुड़ती है
तो वो थोड़ी छोटी हो जाती है, क्योंकि ज़ज़्बात
के कुछ मोती फिर जुड़ नहीं पाते हैं!...सही बात

8

आज का रंग - गाइड के संग

क्रोध करके वो सब मत गंवाइए...जो भी आपने...शान्त रह कर कमाया है...!!!

इस ठण्ड में 5 बजे जग कर फिर 8 बजे तक...रजाई में करवट बदलते रहना भी मॉर्निंग वॉक माना जायेगा...!!!

रोड भले ही बनने के दूसरे दिन ही उखड़ जाये पर स्पीड ब्रेकर पता नहीं कौन से मैटीरियल से बनाते हैं, रोड तो गड्ढों में, पर स्पीड ब्रेकर हमेशा बरकरार, होते दुर्घटना के जिम्मेदार...!!!

कल एक लड़की ने अपने बॉयफ्रेंड की काफी शिकायत की तो मैनें उसे छोड़ देने की सलाह दी, अगले दिन उसने पोस्ट की - कोई बन्दर हमें अलग नहीं कर सकता...!!!

दारू पीने से पहले जो गिलास में उँगली डुबो कर, दो बूँद नीचे गिराई जाती है...वो सँस्कार की पवित्रता का ही रूप है - पहला पैग DRINK-DIGESTION (पाचन) दूसरा RELAXATION (विश्राम) के लिये तीसरा पैग

तो आपको बुद्धिमान INTELLIGENT व चौथा पैग आपको NAUGHTY व पाँचवां पैग आपको KING बना देता है - तो ये DRINK की ये परिभाषा ब्रह्मांड के सभी दारूभक्तों को दण्डवत प्रणाम संग समर्पित...!!!

भूल सकने वाली सारी बातें ही आप को अभी तक याद हैं...तभी तो जिन्दगी में विवाद है...!!!

पड़ोस में कल रात चोरी हो गई, चोर पकड़ा गया तो पुलिस चोर से - इस घर में क्या सोच कर घुसा था? तो ज़वाब मिला - साहब, पिछले चार दिन से रेकी कर रहा था, पहले तो बाहर रेलिंग पर साड़ी, टॉवल, बनियान, सूट,पैंट, कमीज व बच्चे के कपड़े सूखा करते हैं, तीन दिन से नहीं सूखे तो सोचा - मकान वाले बाहर गयेहैं, हाथ साफ कर लूँ! इस पर पुलिस मकान वालों से - आप तीन दिन से बाहर थे तो अचानक कैसे आये? तो वो बोलीं - कहाँ बाहर गये थे, हम तो सब यही हैं, सर्दी के चक्कर में तीन दिन से कोई नहीं नहा रहा तो कपड़े कहाँ से सुखाती? इस पर पुलिस - भाभी जी, नहीं नहाये तो भी एक जोड़ी कपड़े तो सूखा ही देते, खामख्वाह इतना लफड़ा तो नहीं होता - बस अब ध्यान रखें ये बात - बिना नहाये भी कपड़े सुखाएं और घर को चोर उचक्कों से बचाये...!!!

सर्दियों की शुरुआत हो गई है, बाल्टी का साइज़ छोटा और मग का साइज बड़ा रखें ताकि फटाफट फुर्ती से स्नान हो सके...!!!

रोज़ कहाँ से लाऊँ, एक नया दिल...तोड़ने वालों ने तो मज़ाक ही बना रखा है...!!!

बीवी को डराने के लिये बाज़ार से नकली छिपकली ले कर घर आया था...तब देखा वो तो घर के आँगन में घुसे जिन्दा साँप को पकड़ कर बाहर फैंक रही है!

एक सज़ायाफ्ता कैदी जेल से 12 साल बाद फरार होने में कामयाब हो गया...छुपते छुपाते वो अपने घर पहुँचा और घँटी बजे, बीवी ने दरवाज़ा खोला और सामने शौहर को देख

कर बोली - टी वी पर तो बता रहे थे कि आपको जेल से फरार हुए दस घँटे हो गये, कहाँ रहे इतनी देर तक? शौहर पलट कर भागा और जेल जा कर सरेंडर कर दिया...!!!

इतनी सर्दी है,क्या करूँ, मेरी तो नाक ही बन्द हो गई है
पत्नी जी के ये कहने पर मैनें कहा - ये समझ नहीं आता
इस सर्दी का असर ज़ुबान पर क्यूँ नहीं पड़ता...!!!

क्या आपने कभी सोचा?...कोई भी पुराना माल लाइये और नया आइटम ले जाइये! इस तरह के ऑफर देने वालों को क्या पता? वो अनजाने में शादीशुदा लोगों की जज़्बातों से खेल रहे हैं...!!!

पसन्द आ गये हैं...कुछ लोगों को हम... कुछ
लोगों को ये बात पसन्द नहीं आई...!!!

ननकू दारू पी के ताला खोलने लगा,हाथ कांपने की वजह से ताला नहीं खुल रहा था तो चीनू बोला - मैं खोल दूँ, तो फिर ननकू बोला - मैं खोल लूँगा,तू घर को पकड़, बहुत हिल रहा है...!

शुभ कर्म को अपना प्रधान बनाये रखिये साहब
किसी और प्रधानी की जरूरत ही नहीं पड़ेगी...!

एक बहुत ही पहुँचे हुए सन्त थे, ध्यान साधना के जानकार, हमेशा मुस्कराते रहते थे! आने वाले शिष्य उल्टा सीधा कुछ भी पूछें, हमेशा हँस कर ज़वाब देते थे! गुस्सा तो कभी आता ही नहीं था, गज़ब का धैर्य था, उनकी ख्याति दूर - दूर तक थी! एक बार एक पत्रकार ने उनका इंटरव्यू लेते हुए पूछा - बाबा आपके गुरु कौन हैं, आपने ये धैर्य, ध्यान और साधना की शिक्षा कहाँ से ली! सन्त ने उस पत्रकार की ओर प्रेम से देखा और गहरी साँस छोड़ते हुए कहा - बेटा, मैनें बीस साल लेडीज़ सूट और साड़ी के शोरूम पर काम किया है!

थोड़ी सी है क्या? कितना अपनापन, प्रेम, प्यार और मित्रता की अटूट झलक छिपी है, इस नन्हे से वाक्य में!

कल मैनें रोड पर पड़ा कचरा डस्टबिन में डाला तो दो लोग तालियाँ बजा रहे थे...दिल को बहुत अच्छा

लगा...बाद में पता लगा, साले तम्बाकू रगड़ रहे थे! दिमाग को खूब पढ़ाना, किन्तु दिल को तो हमेशा अनपढ़ ही रखना, ताकि ये भावनाओं को समझने में हिसाब किताब न करे!...कितनी गहरी सच्ची बात!

9

आज का रंग - गाइड के संग

सुख का मतलब सिर्फ इतना है कि...आप
डॉक्टर और वकील को न ढूंढें और पुलिस
आप को न ढूंढें...!!!
आज 45-50 दिन के बाद मेरी मेहनत रंग
लाई...आखिर उसने मेरे मैसेज का रिप्लाई
दिया...वो बोली दोबारा मैसेज मत करना!
शादी से पहले जो दर्द...दिल में होता है...वो दर्द
शादी के बाद शिफ्ट हो कर सिर में पहुँच जाता है!
अगर जिन्दगी उसकी जुल्फों की छाँव में
गुजर जाती तो...किसी को भी होम लोन
लेने की जरूरत ही नहीं पड़ती...!!!
नन्दू जी की पत्नी ने घर में सीरियल किलर है,
कह कर पुलिस को बुलाया...पुलिस आई तो
पूछा- कहाँ है,सीरियल किलर...??? नन्दू जी
की पत्नी बोली - यह रहे मेरे पति, ले जाइए इन
को...ये मुझे एक भी सीरियल नहीं देखने देते!
अब वो समय भी दूर नहीं...जब शादी होते

समय दुल्हन को यह वचन देना होगा कि वो बेलन का इस्तेमाल सिर्फ रोटियाँ बनाने में ही करेगी...!!!

यदि हर कोई आप से खुश है तो ये निश्चित है कि आपने जीवन में बहुत समझौते किये हैं...और यदि आप सबसे खुश हैं तो निश्चित है कि आपने लोगों की बहुत सी गलतियों को नजरअंदाज किया है...

क्या कमाल है Z प्लस सिक्युरिटी में बैठे, पहुँचे हुए सन्त बाबा कहलाने वाले भी बोल उठते हैं - जीवन मरण ऊपर वाले के हाथ में है...!!!

लॉ कॉलेज स्टूडेंट्स ग्रुप ने अपने वकील से पूछा - सर, भारत में वकालत का क्या अर्थ है, इस पर ये उदाहरण प्रस्तुत किया - मान लो दो व्यक्ति मेरे पास आते हैं - एक बिल्कुल साफ सुथरा और दूसरा बेहद गन्दा, मैं उन दोनों को सलाह देता हूँ कि वे नहा कर साफ सुथरे हो जाये, अब तुम लोग बताओ कि उनमें से कौन नहायेगा? एक बोला - जो गन्दा है वो नहायेगा! तो वकील - नहीं केवल साफ व्यक्ति ही ऐसा करेगा क्योंकि उसे नहाने की आदत है, जबकि गन्दे व्यक्ति को तो सफाई का महत्व मालूम ही नहीं! अब बताओ कौन नहायेगा? तो दूसरे स्टूडेंट ने कहा - साफ व्यक्ति तो अब वकील ने कहा - नहीं गन्दा व्यक्ति नहायेगा क्योंकि उसे सफाई की जरूरत है! अब बताओ कौन नहायेगा...?? तो ज़वाब - जो गन्दा है, वो नहायेगा! इस पर वकील - नहीं दोनों नहायेंगे..क्योंकि साफ व्यक्ति को नहाने की आदत है और गन्दे को नहाने की जरूरत!अब बताओ न,कौन नहायेगा?सभी एक साथ बोले- जी दोनों नहायेंगे...!!! वकील ने कहा- गलत!कोई नहीं नहायेगा क्योंकि गन्दे को नहाने की आदत नहीं जबकि साफ को नहाने की जरूरत नहीं,अब बताओ कौन नहायेगा??? एक बड़ी

विनम्रतापूर्वक बोला - सर,आप हर बार अलग - अलग ज़वाब देते हैं व हर ज़वाब सही मालूम पड़ता है! तो हमें सही ज़वाब कैसे मालूम होगा...?? वकील साहब बोले - बस यही वकालत है....महत्वपूर्ण ये नहीं है कि वास्तविकता क्या है....बल्कि महत्वपूर्ण ये है कि आप अपनी बात को पूरा सही साबित करने के लिये कितने सम्भावित तर्क प्रस्तुत कर सकते हैं...क्या समझे...?? नहीं समझे...?? यही वकालत है...!!!!

कहते हैं जहाँ एक बार धोखा मिल जाये,वहाँ दोबारा नहीं जाना चाहिये...क्या करें....अब ससुराल तो जाना पड़ता ही है...!!!

अगर तुम्हारे पास कोई हुनर है तो उस हुनर को कमाई का जरिया बनाओ...पति के ये कहने पर पत्नी बोली-मतलब अब लड़ने के भी पैसे लूँ!!

दोस्ती इतनी गहरी होनी चाहिये...कि ये पता ही न चले...किस ने किस को बिगाड़ा!

एक व्यक्ति सुबह उठते ही थोड़ा आध्यात्मिक हो गया और आँखे बन्द कर के सोचने लगा - कौन हूँ मैं?...कहाँ सेआया हूँ?...क्यों आया हूँ?...कहाँ जाना है...इन गूढ़ प्रश्नों के चिंतन में वह इतना खो गया कि समय का ध्यान ही नहीं रहा...तभी किचन से पत्नी की आवाज़ आई - एक नम्बर के आलसी हो तुम, पता नहीं कौन सी दुनिया से आये हो, मेरी जिन्दगी खराब करने, उठो और नहाने जाओ!...है न कितने आश्चर्य की बात...चारों प्रश्नों का सुगमता से उत्तर मिला, आध्यात्मिक यात्रा पूरी होने के साथ सम्पूर्ण ज्ञान की प्राप्ति भी हो गई...!!!

हेलो, मैं ED से बोल रहा हूँ...ये आवाज़ सुन नेता जी बोले - अरे भाई मैं बीजेपी में ही हूँ...फिर उधर से आवाज़ आई - सॉरी सॉरी सर रॉन्ग नम्बर..

बहादुरगढ़ में शुक्रवार को एक वृद्ध ने भण्डारे में ग्यारह पूरियां,तीन कटोरी सब्ज़ी चार लड्डू खा लिये,बुढ़ापे के कारण गैस बन गई, नामी डॉक्टर को दिखाया तो उसने बगैर फीस लिये पर्ची लिखी...जिसमें दिये गये सुझाव के अनुसार एक समाजसेवी ने वृद्ध को स्कूटर पर बिठाया और फ़ास्ट ग्रोइंग सिटी बहादुरगढ़ के सेक्टर 2, 6, 7 से सब्ज़ी मन्डी से झज्जर रोड, नजफगढ रोड फिर लाइन पार की सभी स्मार्ट सड़कों का चक्कर लगा उसी नामी डॉक्टर की दुकान के पास ही छोड़ा! बार - बार हिचकोले खाने से वृद्ध के शरीर के साथ आत्मा भी कांप गई और शहर की सड़कों के गड्ढों से सब खाया पिया हज़म हो गया! वृद्ध के परिजनों ने नगरपरिषद के अधिकारियों, जनप्रतिनिधियों, स्थानीय विधायक का फ़ास्ट ग्रोइंग सिटी में सड़कों की निर्माण सुविधा के लिये आभार जताया! इस घटना के बाद रोहतक, गुरुग्राम, भिवानी फरीदाबाद, सोनीपत तथा समीप के अन्य राज्यों के कई शहरों से भी पेट की गैस से पीड़ित मरीजों के बहादुरगढ़ पहुंचने की सम्भावना है....!!!

आप नेक काम करते रहें, कोई आपको सम्मानित करे या न करे, आपकी अन्तरात्मा सदैव आपका सम्मान करेगी!....बस यही बात ही सकून प्रदाता

10

आज का रंग - गाइड के संग

जिस प्रकार श्वास आपके शरीर को चलाता उसी प्रकार विश्वास आपके सम्बन्धों को, पर श्वास आपके हाथ में नहीं अपितु विश्वास है, तो फिर उसे तो बना कर रखिये न!

एक बार मैनें भी रोड शो किया था...जब मेरी शादी थी...ज़मानत तो ज़ब्त हो गई व आजीवन कारावास मिला सो अलग!

आज फिर एक साल बाद उसे देखा...बिल्कुल वैसी की वैसी ही थी...तय कर लिया कि अब दूसरी के चक्कर में नहीं पड़ूँगा...इस साल भी अपनी पुरानी स्वेटर से ही काम चलाऊंगा..!!!

सरकार दारू बेच कर, जिन्हें गेहूँ, चावल बांट रही है, वही गरीब गेहूँ, चावल बेच दारू खरीद रही है...सच में! पृथ्वी गोल है भाई!...!!!

नशे में टल्ली एक शराबी घर आ रहा था, उसे एक चिकन वाला दुकान बढ़ाता दिखा - अबे, चिकन है क्या? उसने हांक लगाई तो दुकानदार - एक कच्चा

रखा है, दूँ क्या? तन्दूरी तो सब बिक गये! चल कच्चा ही दे दे, बीवी पका देगी, अभी वक्त ही क्या हुआ है? उसे अंदाज़ा ही नहीं था कि रात के साढ़े बारह बज चुके थे, दुकानदार ने उसे कच्चा चिकन ही पैक कर दिया। मोहल्ले के बाहर ही शराबी को कुत्ते भौंकते मिले, तभी एक बहुत मोटा सा कुत्ता सामने आ गया, जो भौंक नहीं रहा था! उसे वो बोला - अरे वाह! तू तो बहुत अच्छा कुत्ता है, मुझे भौंक नहीं रहा, ले तू चिकन खा, उसने मज़े ले कर खाया, तो शराबी ने उसकी पीठ पर हाथ फेरा और घर की ओर चल पड़ा व घर में जो बीवी ने दिया, चुपचाप खाने लगा! बीवी को फिक्र हो हो गई, बाहर गलियों में तेंदुआ घूम रहा है, पिंटू पड़ोसी के घर टी वी पर लाइव मैच देखने गया है, उसे बाहर न निकलने की हिदायत देने की सोच ही रही थी कि तभी उसके फोन पर पिंटू ने तेज़ी से वायरल होता वीडियो भेजा, कैप्शन था...हमारी कालोनी के हीरो!...तेंदुए पर हाथ फेरते हुए पति को देख बेचारी बीवी के तो होश ही फ़ाख्ता हो गये! अब तो आप सब समझ ही गये होंगे कि शराबी अपने को यूँ ही शेर दिल, बब्बर शेर नहीं कहते, कुछ तो सच्चाई सच में है ही...!!!

गड्ढे हसीना के गाल पर हों या सड़क पर, दोनों ही खतरनाक हैं, एक से दिल और एक से गुर्दा बाहर निकल आता है...!!!

कल्लन गाँव का मशहूर बेवड़ा था, उसकी दारू छुड़ाने के सारे प्रयास विफल हो गये तो उसके कुछ दोस्त उसे शहर के प्रसिद्ध वैद्य चिंतामणि के पास ले कर गये तो वैद्य जी ने तीन बार जड़ी बूटियों से बनाये गये विशेष काढ़े में डुबकी लगवाई और कहा - कि पुराना कल्लन मर चुका है, अब तुम पूर्णतया शुद्व हो गये हो, अब यह तुम्हारा पुनर्जन्म है और आज से तुम्हारा नाम कल्लन

नहीं...कमलनाथ...है! कमलनाथ उर्फ कल्लन महाराज ने चुपचाप सहमति दी और घर पहुँच गये, वहाँ अपनी अलमारी खोली, ओल्ड मॉन्क की बोतल निकाली, उसे तीन बार केवड़ा डले पानी में तीन बार डुबोया व बोला - ओल्ड मॉन्क मर चुकी है, अब तुम शुद्ध हो गई हो, तुम्हारा अल्कोहल खत्म हो गया है, ये तुम्हारा पुनर्जन्म है और आज से तुम्हारा नाम...वैद्यनाथ काढ़ा...है...!!!

जिन्दगी में वही लोग आगे बढ़ते हैं...जो लोग झाड़ू लगाते हैं...वरना पोंछा लगाने वालों को तो...पीछे ही हटते देखा है...!!!

दो महिलाओं की मुलाकात स्वर्ग में हुई! पहली - कहो बहन, तुम्हारी मौत कैसे हुई? तो दूसरी - ठण्ड लगने के कारण और तुम्हारी? तो वो बोली - हाई ब्लड प्रेशर के कारण! दरअसल बात ये हुई कि मुझे अपने पति पर शक था, मुझे पता चला वो घर में किसी दूसरी औरत के साथ हैं, मैं घर पहुँची तो देखा कि मेरे पति आराम से अकेले टी वी देख रहे हैं...तो दूसरी - फिर क्या हुआ? इस पर वो बोली - खबर पक्की थी, मुझे विश्वास नहीं हुआ, मैनें उस औरत को घर के कोने - कोने में, तहखाने में, पर्दों के पीछे, गार्डन में यहाँ तक कि अलमारी और सन्दूक में भी तलाशा, मुझे इतनी टेंशन हुई कि मेरा ब्लड प्रेशर बहुत बढ़ गया और मेरी मौत हो गई। ये सुन दूसरी बोली - काश! तुमने फ्रिज खोल कर देख लिया होता...तो हम दोनों आज जिन्दा होतीं...!!!

देखते ही देखते शादी को 36 साल हो गये - पत्नी जी के ये कहने मैनें कहा - देखते देखते तुम्हें हुए होंगे...मुझे तो सुनते सुनते हुए हैं...!!!

मिन्टू लाइब्रेरी जा कर पूछता है कि आत्महत्या करने के तरीकों की कोई किताब है क्या..? तो लाइब्रेरियन ने उसे बड़े विस्मय से घूर कर देखा और पूछा वापस

करने कौन आयेगा भाई...!!
एक औरत अपने बॉयफ्रेंड से शिकायत कर रही थी...मेरा पति मुझ पर शक करता है...!!!
पहले मैं शराब पीता था...फिर मैं शराब छुड़वाने वाले एक मशहूर बाबा जिनकी ख्याति दूर - दूर तक थी, के पास गया...अब बाबा चखना का इंतज़ाम कर लेता है...और मैं बोतल का...दोनों साथ पीते हैं...!!!
जो जैसा है...उसे वैसा ही...अपना लो...रिश्ते निभाने...आसान हो जायेंगे...! यथार्थ सत्य...!

11

आज का रंग - गाइड के संग

दुनिया का कोई भी डॉक्टर...वो टांग सीधी नहीं कर सकता...जो लोग दूसरों के मामले में...अड़ाते हैं...!!!

बच्चा आराम से सोफे पर बैठ टी वी में रामायण सीरियल देख रहा था, ताड़का राक्षसी को देख कर बोला - यह कौन है? मम्मी बोली - बुआ...पापा बोले - मौसी... बस रामायण खत्म, महाभारत चालू...!

मतदान के बाद उँगली में स्याही लगवा कर खुश होना लोकतन्त्र नहीं है...अपने हक के लिये सरकार को...उँगली दिखा कर सवाल पूछना लोकतन्त्र है...!

विश्वास और अंधविश्वास में फर्क - जिसने दारू दी वह नमकीन भी देगा यह है विश्वास लेकिन जिसने नमकीन दी वह दारू भी देगा - यह है अंधविश्वास!

यदि तुम्हें लगता है, चार लोग क्या कहेंगे...

यकीन मानो वो चौथे व्यक्ति तुम स्वयँ हो!
भारतीय नारी के भी क्या कहने - यूँ तो उम्मीद करती हैं कि पति तारीफ करे लेकिन जब वो तारीफ करते हैं तो फिर यकीन ही नहीं करती और मुहँ फुला लेती हैं...!
एक महिला अपनी नई पड़ोसन के साथ उनके घर के अन्दर जाने लगी तभी उसकी नज़र वहाँ दरवाजे पर टँगे बोर्ड पर पड़ी, लिखा था - कृपया चप्पलों के साथ अपनी गलत सोच और सास बहु, देवरानी जेठानी टाइप की चुगली बाहर ही उतार कर आयें और एक सबसे खास बात - अपनी तिरछी नज़रों से मेरे हैंडसम पति को न देखें, वह बहुत सीधे हैं, किसी के भी बहकावे में आ जाते हैं...!
इस पूरे ब्रह्मांड में...ऐसी कोई ठण्ड नहीं बनी जो...शादियों में...लड़कियों को लग जाये...!
एक बार एक वोटर लाइन में लगे हुए ही अचानक हार्ट अटैक से मर गया, मृत्यु उपरांत वो यमराज के दरबार में पहुंचा तो चित्रगुप्त उसके कर्मों का खाता खोले बैठा था, देखने के बाद उसने कहा - ये तो फिफ्टी फिफ्टी का मामला है, पलड़ा दोनों तरफ बराबर है, ऐसी स्थिति पहली बार हुई है, इसे कहाँ भेजे? स्वर्ग या नरक यमराज बोले - इसे ही निर्णय करने दो! दूत के साथ पहले नर्क जाने पर उसने खुद को गोल्फ कोर्स में पाया, चारों ही ओर हरियाली, खूबसूरत दृश्य बीच में छोटा सा क्लब जहाँ उसके सभी पुराने मित्र मिल गये, बेहद खुश व मज़े ले रहे थे, उनके साथ ढेर सारा आनन्द उठाया, खाना खाया, बढ़िया शराब पी! आखिर उनसे विदा ले कर वो दूत के साथ स्वर्ग पहुँचा, वहाँ सभी सन्त टाइप के सन्तुष्ट व्यक्ति भजन कीर्तन

में लीन थे, दिन बीतता दिखा नहीं उसे! जाने का समय होते ही वो दूत के साथ यमराज के पास पहुँचा! यमराज ने उस का निर्णय जानना चाहा तो वो बोला - महाराज स्वर्ग बहुत ही अच्छा है लेकिन मैं तो नर्क में ही रहना चाहूँगा, असली मज़ा और आनन्द वहीं पर है, यमराज ने दूत को उसे नर्क में छोड़ कर आने के लिये कहा! नर्क के द्वार के अंदर घुसते ही वो तो चौंक गया - चारों तरफ ही उजाड़ बियावान रेगिस्तान नज़र आ रहा था, उसके सभी मित्र फटेहाल अवस्था में वहाँ बिखरे हुए कूड़े कर्कट में अपना भोजन तलाश रहे थे, उसने दूत से कहा - ये क्या? कल तो यहाँ दूसरा ही दृश्य था तो दूत ने हँसते हुए कहा - कभी पृथ्वी पर चुनाव प्रचार नहीं देखा क्या...? कल तो अभियान का दिन था... तुम्हें लुभाने का दिन था... तुम्हें फँसाने का दिन था...आज तुम अपना वोट दे चुके हो...!!!

पत्नी ने पति को मैसेज किया - ऑफिस सेआते समय सब्ज़ी लेते आना, लिस्ट बना दी है और हाँ, पड़ोसन ने तुम्हारे लिये हेलो कहा है! पति ने पूछा- कौन सी पड़ोसन? पत्नी का ज़वाब - कोई भी नहीं मैनें उसका जिक्र इसलिये किया, ताकि निश्चिंत हो सकूँ कि...तुमने पूरा मैसेज पढ़ लिया है...!

अगर, मुझे कोई भूत पकड़ ले तो तुम क्या करोगे? पत्नी के ये पूछने पर मैं बोला - अरे, भागवान, अब भाई बहन के बीच में, मैं क्या सलाह दे सकता हूं! जो तुमको हो पसन्द, वही बात करेंगे, तुम दिन को अगर रात कहो, रात कहेंगे! अर्थात इस गीत में सन्देश दिया जा रहा है कि हे प्रिय, तुम्हारे मुहँ कौन लगे...???

क्या ये सच है कि जोडियाँ ऊपर ही बनती हैं??? जवाब तो इसका हाँ ही है तो इसका मतलब ये ही हुआ न, कि ऊपर भी काम ढँग से नहीं हो रहा है...!

भारत में एक प्रतिशत लड़कियाँ ही क्रिकेट

टेनिस, हॉकी, बैडमिंटन जैसे खेल खेलती हैं
बाकी निन्यानवे प्रतिशत लड़कियाँ पत्नी बन
कर पति की जिन्दगी से खेलती हैं...!
कहने को तो व्हाट्सएप दिल वालों का मेला है,
पर जो...जितना ज्यादा ऑनलाइन है...उतना ही
अन्दर से अकेला है...!!!
कल्पना सुन्दर होती है...पर उसे जिया नहीं
जा सकता...वास्तविकता कड़वी होती है...
पर उसे छोड़ा नहीं जा सकता!..नितान्त सत्य

12

आज का रंग - गाइड के संग

माता पिता बच्चों को जन्म देते हैं...परन्तु जब माता पिता को जरूरत होती है...तो बच्चे माता पिता को जीवन नहीं देते...!!!

लड़कों का बस नहीं चलता, वर्ना वो तो लड़कियों की कब्र पर भी लिख दें - नाइस कब्र, वन्डरफुल लोकेशन, ब्यूटीफुल मिट्टी!

जिस के लिये चाय बनाना सीख रहा था...वो पैग बनाने वाले के साथ भाग गई...!!!

भारत में दो प्रकार की लडकियाँ पाई जाती हैं...एक बॉयफ्रेंड को उल्लू बनाने वाली...व दूसरी उल्लू को बॉयफ्रेंड बनाने वाली...!!!

ये पैसा भी अजीब चीज़ है...जिसके पास नहीं है, उसकी कोई इज़्ज़त नहीं...और जिसके पास है...उसे किसी की इज़्ज़त नहीं...!

मैं तो समझता था कि...व्हाट्सएप की ये बीमारी मुझे ही है...पर फिर जब आप सब लोगों को देखा...तो पता चला ये तो

महामारी ही है...!

एक नन्हें लड़के ने नन्हीं लड़की से कहा - मैं तुम्हारा बी एफ यानी बेस्ट फ्रेंड, जब वो नौजवान हुआ और वो बेहद सुंदर तो उस ने फिर कहा - आय एम योर बी एफ यानी बॉय फ्रेंड, कुछ वर्ष बाद शादी कर ली, तो पति मुस्कराया - आय एम योर बी एफ यानी आप के बच्चों का पिता - baby's father, समय गुजरा, दोनों बुड्ढे हो गए, आँगन में साथ बैठे डूबते सूरज की ओर देखते बुजुर्ग ने फिर दोहराया - मेरी प्रिय,आय एम योर बी एफ, वो झुर्रियों वाले चेहरे के साथ हँसी अब बी एफ क्या? बुड्ढा खुशी से हँसा - be forever, सदा एक दूजे के लिये, जब वो बुजुर्ग जिन्दगी की अन्तिम साँस ले रहा था, तब भी बोला - आय एम योर बी एफ! गम में डूबी बुढ़िया बोली - अब बी एफ? ज़वाब आया bye forever अलविदा सदा के लिये, कुछ दिनों में बुढ़िया भी पंचतत्वों में विलीन हो गई, दीवार पे दोनों की साथ - साथ फोटो लगा, बच्चों ने क्या ही सुन्दर बात लिखवाई - बी एफ - besides Forever - पास हूँ, सदा के लिये!!!!

एक अरसे से हम...जिन की जरूरत बने रहे
फिर यूँ हुआ कि...उनकी जरूरत ही बदल गई

हाल चाल पूछने का ज़माना गया साहब...आदमी ऑनलाइन दिख जाये तो समझ लेना...सब ठीक है...भगवान हम सब को ऑनलाइन रखे...!

फेसबुक पर वो लोग भी...अपना बर्थ डे सेलिब्रेट करते हैं...जिन्हें अक्सर घर वाले कहते हैं...कि तू पैदा ही क्यों हुआ...!

डॉक्टर को समझ नहीं आ रहा था कि...पेशेंट को कैसे बतायें कि...वो सीरियस है, तो यही कह कर समझाया कि...जो भी मोबाइल में डिलीट

करना हो...जल्द कर दीजियेगा...!
आपके बर्तन बड़े चमक रहे हैं...धोने के लिये किसका इस्तेमाल करती हैं?... पड़ोसन के पूछने पर ज़वाब दिया - पति का...!
ऑनलाइन कारोबार की जबरदस्त सफलता से बड़े-बड़े व्यापारी घबरा चुके हैं लेकिन सबसे ज्यादा निश्चिन्त सुलभ शौचालय वाले हैं...कोई माई का लाल, ऑनलाइन वाला, पैदा ही नहीं हुआ जो उन के धन्धे में सेंध लगा सके!
ससुराल वाले पूरा हाल-चाल पूछ लेंगे पर ये कभी नहीं पूछेंगे कि बेटा, हमारी लड़की के साथ खुश तो हो न!
रेलवे स्टेशन पर लखनऊ से आये यात्री ने कुली से पूछा - भाई साहब, पूछताछ कार्यालय कहाँ हैं..? तो ज़वाब मिला - मुझे भी नहीं पता! आगे जा कर लेफ्ट साइड में इन्क्वायरी ऑफिस है, वहाँ पता करो!!!
कुछ लोग इतने अच्छे होते हैं कि लाइक पहले करते हैं.....पोस्ट बाद में पढ़ते हैं!
गलती पेट की गैस की तरह है, खुद की हो, तो बुरी नहीं लगती और दूसरों की हो तो बर्दाश्त नहीं होती!
शाम को पति बोर हो रहा था तो उसने मज़ाक मज़ाक में ही पत्नी को बंदरिया बोल दिया... ढाई तीन घण्टे कब निकल गए और करीब दो ढाई सौ जानवरों के नाम पता चले और जो रात को रोटी भी नहीं मिली सो अलग..!!!
मैंने सुना है, आदमी को स्वर्ग में अप्सरायें मिलती हैं तो औरत को क्या मिलता है? पत्नी के ये पूछने पर पति का ज़वाब था - कुछ नहीं, ऊपर वाला सिर्फ दुःखियों की ही सुनता है...!
सामने वाले को कभी भी छोटा न समझो

हो सकता है वो आपसे भी बड़ा गधा हो!
कभी कभी तो ऐसे लगता है...जैसे मेरे सब्र का फल...कोई और ही खा गया...!!!
धन हमेशा के लिये मित्र नहीं होता...लेकिन मित्र हमेशा के लिये धन होता है...क्या बात?

13

आज का रंग - गाइड के संग

जिन्दगी ने सवालात बदल डाले...वक्त ने हालात बदल डाले...हम तो आज भी वही हैं...बस लोगों ने अपने ख़्यालात बदल डाले...!!!

व्हाट्सएप का सबसे बड़ा फायदा ये है कि बहुत सारी औरतें आपस में बात करती हैं फिर भी आवाज़ नहीं होती...!

इतना तो बगुला भी...मछली पकड़ने के लिये चोंच नहीं निकालता होगा...जितना ये लड़कियाँ आजकल, सेल्फी लेने के समय होंठ निकालती हैं!

दोस्त की शादी नहीं हो रही थी...फिर मैनें उसकी कपड़े धोने, बर्तन माँजने, झाड़ू पोचे करने की तस्वीरें एक दिन shadi.com.पर डाली!तबकहीं जा कर रिश्ते आने शुरू हुए!

बूढ़े नहीं वरिष्ठ बनो-बुढ़ापा तो...अन्य लोगों का आधार ढूंढता है...वरिष्ठता...लोगों को आधार देती है...बुढ़ापा छुपाने का मन करता...वरिष्ठता

उजागर करने का...बुढ़ापा अहंकारी...वरिष्ठता अनुभवसम्पन्न, विनम्र व सयंमशील...बुढ़ापा...नई पीढ़ी के विचारों से छेड़छाड़...वरिष्ठता...युवा पीढ़ी को बदलते वक्त के साथ जीने की छूट...बुढ़ापा... हमारे ज़माने में ऐसा था की रट...वरिष्ठता...बदलते समय से अपना नाता जोड़ती व अपनाती...बुढ़ापा नई पीढ़ी पर राय थोपता...वरिष्ठता...तरुण पीढ़ी की राय समझने का प्रयास...बुढ़ापा...जीवन की शाम में अपना अन्त ढूंढता...वरिष्ठता...जीवन की शाम में भी नये सवेरे की इंतज़ार व युवाओं की स्फूर्ति से प्रेरित बस इसी अंतर को गम्भीरता से समझ लीजिये जीवन का पूर्ण आनन्द, उम्र कोई भी हो... सदा फूल की तरह खिलें...उमंग उत्साह में रह...दूसरों के लिये बनें...प्रेरणा!

अगर ये तय है...कि जो दिया है...वो लौट के आयेगा...तो क्यूँ न...सिर्फ खुशियाँ और दुआयें ही दी जायें...!!!

काम ऐसे करो कि लोग आपको...किसी दूसरे काम के लिये बोलें ही नहीं...!!!

सबसे ज्यादा बेइज़्ज़ती तब भी होती है जब आप भीड़ से भरी दुकान पर कुछ ले रहे हों और बच्चे ज़ोर से बोल दें-पापा ये मत लो, मम्मी डाँटेगी...!!!

बेटा, जब मैं तुम्हारी उम्र का था, उस समय महंगाई ज्यादा नहीं थी, मैं 50 रुपये में हफ्ते भर का राशन ले आया करता था, पिता के ये कहने पर ज़वाब मिला-जरूर ले आते होंगे पापा उन दिनों सी सी टी वी कैमरे नहीं होते थे न...!!!

दूल्हा विदाई के समय तब घबरा गया जब उसकी सास ने रोते हुए उससे कहा-बेटा अपना ख्याल रखना और हो सके तो हमें माफ कर देना...!

ये कैसी फोटो खींची है तुमने, पीछे कुत्ता भी आ गया -पति के ये कहने पर पत्नी जी मन्द मन्द मुस्कान से

बोलीं-हाँ, तो क्या हो गया!फोटो के साथ कैप्शन लगा देना, आगे वाला मैं हूँ...!!!

आप को किसी न्यूरोलॉजिस्ट को दिखाना पड़ेगा, आपको दिमाग वाले डॉक्टर की जरूरत है!-जांच के बाद डॉक्टर ने कहा! मैं तो यो सोच कर आया था, डॉक्टर साहब आपके पास दिमाग होगा...!

लड़की का पिता भागा भागा इवेंट मैनेजर के पास गया और घबराते हुए बोला-अरे..ओ भाई, मूँग का हलवा तो धड़ल्ले से ले रहे हैं लोग और मावे की गर्म रबड़ी ज्यों की त्यों पड़ी है...हलवा खत्म हो गया तो मेरी इज़्जत रबड़ी में मिल जायेगी! वो बोला-अरे, आप चिंता न करें, अभी कुछ करता हूँ, उसने अपना वाकी टॉकी निकाला और बोला-पूजा, ऐसा करो, मूँग के हलवे से पूनम को हटा कर रबड़ी पर खड़ी कर दो और हलवे पर सोहनलाल को लगा दो! फिर वो सेठ जी से बोला-निश्चिंत रहिये आप, अब रबड़ी ही ज्यादा उठेगी...!!!

मैं ऐसे लड़के से शादी करूँगी, जिसका कारोबार ऊँचा हो!-लड़की के ये कहने पर लड़का-फिर तो मैं, आपके लिये बिल्कुल ही सही हूं, मेरी पहाड़ पर नाई की दुकान है!

एक नौजवान डॉक्टर भावुक हो, अपनी प्रेमिका से कह रहा था-तुम्हारे नयनों में तो जीवन ज्योति है, मस्ती का टॉनिक है, तुम्हारे सामीप्य से तो ऐसा महसूस होता है कि अन्तिम साँस लेने वाले को ऑक्सीजन का भण्डार मिल गया हो, तुम्हारे गदराये जिस्म में क्लोरोफार्म जैसी मदहोशी है......तुम ...तुम...इतना सुन वो बोली-बस, बस बन्द करो ये बकवास, मैं तुम्हारी प्रेमिका हूं या डिस्पेंसरी!

जिन्दगी के हाथ तो नहीं होते...लेकिन कभी कभी

वो ऐसा थप्पड़ मारती है...जो पूरी उम्र याद रहता है!

टेंशन की इतनी आदत हो गई, कभी कुछ भी न हो रहा हो, तो इस बात की टेंशन हो जाती है, सब कुछ ठीक कैसे चल रहा है....???

पति और पतंग एक जैसे होते हैं, थोड़ी सी ढील छोड़ो...पड़ोसन की छत पर पहुँच जाते हैं...!!!

बचपन में मेरी इच्छा थी, कोई मुझे मिले, जिसे पा कर मैं, सब कुछ भूल जाऊँ...फिर मुझे ये मोबाइल मिला...!

मुस्करा कर दर्द को सहना क्या सीख लिया...सब ने यही सोच लिया...हमें तकलीफ़ ही नहीं होती..!

14

आज का रंग - गाइड के संग

अहमियत तो यहाँ हैसियत को मिलती है साहब...एक हम हैं, जो बस जज़्बात लिये फिरते हैं...!!!

पत्नी को इतना गुस्सा रोते हुए बच्चों पर नहीं आता जितना आराम से सो रहे पति को देख कर आता है...!!!

बाल विवाह ही ठीक था साला...अब तो विवाह तक बाल ही नहीं बचते...!!!

अगर आप 50 से कम उम्र के हैं तो अभी सुधरने की उम्र नहीं हुई है और अगर 50 से अधिक उम्र के हैं, तो अब सुधर के करना भी क्या है...???

चतुर चालाक पत्नियाँ...शादी की मेकअप वाली फोटो ताउम्र संभाले रहती हैं...पति से झगड़ा होने पर बच्चों को दिखा कर कहती हैं...देख बेटा...मैं कैसी थी और तेरे पापा ने कैसा बना दिया...!!!

अगर आप अपनी बीवी को आँखें नहीं दिखा सकते...तो हमें दिखाइये... वर्मा ऑप्टिकल्स, पुराने बस अड्डे के पीछे...!

गब्बरसिंह का चरित्र एक छात्र ने कहने पर यूँ लिखा - शहर की भीड़ से दूर जंगल में रहना, एक ही कपड़े में कई दिन गुजरना, खैनी के बड़े शौकीन, अनुशासनप्रिय - कालिया व उसके साथी को प्रोजेक्ट ठीक न करने पर सीधे गोली मारी, दयालु प्रकृति - ठाकुर को कब्जे में लेने के बाद सिर्फ हाथ काट कर छोड़ दिया चाहते तो गला भी काट सकते थे, वो नृत्य संगीत प्रेमी थे, उनके मुख्यालय में तो ऐसे कार्यक्रम चलते ही रहते थे, महबूबा महबूबा जब तक है जां जाने यहाँ, बसंती को देखते ही परख लिया कि कुशल नृत्यांगना है! हास्य रस प्रेमी-कालिया व उसके साथियों को हँसा हँसा कर ही मारे, खुद भी ठहाका मार के हँसते थे, वो इस युग के लाफिंग बुद्धा थे!नारी सम्मान-बसंती का अपहरण पर सिर्फ उसका नृत्य देखने का अनुरोध, उनके आदमी गुज़ारे के लिये बस सूखा अनाज माँगते थे, कभी बिरयानी, तंदूरी मुर्गा, चिकन टिक्का की मांग नहीं की, भिक्षुकों जैसा जीवन था उनका और तो और रात को बच्चों को सुलाने का काम भी करते थे, टीचर ने ये सब पढ़ा तो उनकी आँखें भर आईं और बोला- सारी की सारी गलती जय और वीरू की थी...बेचारा गब्बरवा तो बहुत बड़ा समाजसेवक था...!!!

मोबाइल कम्पनियां अगर सच बोलने लगें तो दंगे हो जाएं...आपने जिस व्यक्ति को फोन किया है वो जान - बूझकर फोन नहीं उठा रहा है...!!!

हड़ताली डॉक्टरों ने ये अपनी मांगें भेजी हैं, बड़े साहब, क्या करें? पी ए के ये कहने पर वे बोले-पहले तो इन्हें

पढ़ने के लिये किसी केमिस्ट को बुला लो...!
बच्चों का पालन पोषण कैसे करें? यह पुस्तक बेटे को, पढ़ते देख पिता ने पूछ लिया - तुम तो खुद अभी बच्चे हो, ये क्यों पढ़ रहे हो! तो ज़वाब - मैं यह जानना चाहता हूँ, मेरा पालन पोषण ठीक ठाक ढँग से हो रहा है या नहीं!
एक सन्त प्रवचन कर रहे थे...जिसे प्रेम करते हो उसे स्वतंत्र छोड़ दो तभी वहाँ बैठी एक महिला बोली - छोड़ा था जी, पड़ोसन के घर बैठे मिले!
जिस पुरूष ने आज के समय में बीवी और नौकरी तथा स्मार्ट फोन के बीच में सामंजस्य सही से बैठा लिया हो, वह तो फिर पुरूष नहीं महापुरुष कहलाता है...!!!
यदि पति घर का हैड है तो पत्नी घर की गर्दन है, जो हैड को किसी भी दशा में घुमा सकती है!
सर, मेरी बीवी पूछ रही है, मेरी सैलरी कब बढ़ाओगे! कर्मचारी के ये पूछने पर बॉस - तो ठीक है फिर, मैं अपनी बीवी से पूछ कर बताता हूं...!
शादीशुदा लाइफ का तो मज़ा ही कुछ और हैं, खाने को मिले या न मिले, सुनने को भरपूर मिल जाता है...!
निकले हैं वो लोग मेरी शख्सियत बिगाड़ने, जिनके खुद के किरदार मरम्मत मांग रहे हैं!
डॉक्टर साहब बढ़ते वजन से परेशान हूँ, तबीयत भी ठीक नहीं रहती! मरीज़ के ये कहने पर डॉक्टर - आप सुबह शाम व्यायाम के साथ खेल भी खेलिये! इस पर मरीज़ - मैं रोज़ फुटबाल, क्रिकेट व टेनिस खेलता हूँ! तो डॉक्टर - अरे वाह! बढ़िया, तुम रोज़ कितनी देर खेलते हो! तो मरीज़ बोला - जब तक मोबाइल

की बैटरी खत्म नहीं हो जाती...!!!
अच्छा पति किसी को नहीं मिलता, मिले हुए
को ही ठोक - ठाक के अच्छा बनाना पड़ता है!
कोई भी लड़की शक्ल से बुरी नहीं होती, साहब!
बस, कुछ को मेकअप करना नहीं आता...!
सस्ती च्युंगम और घटिया लोग शुरुआती दौर
में मीठे ही लगते हैं...!
सुनिये जी, जो आदमी यहाँ दारू पी कर नाच रहा
है न! मैनें दस साल पहले उसे रिजेक्ट कर दिया था!
पत्नी के ये कहने पर पति - कमाल है, इतने साल बीत
गये, साला अभी तक सेलिब्रेट कर रहा है......!!!!
पूछ लेते वो बस मिज़ाज़ मेरा...कितना
आसान था इलाज मेरा...!!!
ईश्वर के अलावा वकील साहब का दफ्तर ही
एक ऐसी जगह है जहाँ इन्सान अपने गुनाह
कबूल करता है...!!!
जरूरी नहीं कि अच्छी बातें करने वाला हर
इन्सान अच्छा हो...आज कल साजिश करने
वाले भी बहुत मीठा बोलते हैं!.. यथार्थ सत्य!

15

आज का रंग - गाइड के संग

खुद को हमेशा स्पेशल समझो...क्योंकि
भगवान...कुछ भी फालतू नहीं बनाता है!
मेरा तो बैड लक ही खराब है...यदि
सर्दी में हाथ तापने भी बैठूँ तो धुंआ
मेरी तरफ ही आयेगा...!!!
लोगों की बातें कभी दिल पर नहीं लेनी
चाहियें, वो तो अमरूद खरीदते समय
पूछते हैं - मीठे हैं न! और बाद में नमक
लगा कर खाते हैं!
अपनी खुद की गलतियों पर हँसना
आपकी उम्र बढ़ा सकता है, ध्यान
रहे, बीवी की गलतियों पर हँसना
आपकी उम्र घटा भी सकता है!
शराबी और साँप, चाहे जितने मर्ज़ी टेढ़े
मेढ़े चलें, पर अपने घर में तो सीधे ही
हो कर घुसते हैं!
कुछ लड़कियाँ अच्छे पति के लिये

16 सोमवार का व्रत रखतीं हैं और
अधिकतर उनके पति को देख कर
लगता है कि शिव जी 16 के 16
सोमवार ही छुट्टी पर थे...!
पति शेर का शिकार कर घर पहुँचते ही
बोला - तुम्हारे लिये शेर की खाल लाया
हूँ, एक बार तो गज़ब ही होने को था,
ऐसा भी मौका आया जब शेर मुझे खा
ही जाता तो पत्नी जी बोलीं - तब तो मैं
मै बर्बाद ही हो जाती, तुम्हारी तो खाल
भी किसी काम न आती!
आप आजीवन जीजा बने नहीं रह
सकते, आज नहीं, तो कल फूफा हो
कर मार्गदर्शक मण्डल का हिस्सा तो
बनना ही होगा....!
आज रात मेरे साथ तीन दोस्त आ रहे हैं,
अच्छा सा खाना बना कर रखना, पति के
इस मैसेज का पत्नी जी ने कोई ज़वाब
नहीं दिया तो दूसरा मैसेज किया-मेरी
सैलरी बढ़ गई है, अगले महीने सोने की
अँगूठी ले कर दूँगा तो पत्नी ने मैसेज
किया-ओ, माय गॉड, सच्ची! तो पति जी
ने मैसेज किया - नहीं, ये बात नहीं, मैं तो
यही चेक कर रहा था कि तुमने मैसेज
पढ़ लिया न! नहीं तो फिर तुम्हारा तो यही
कहना होता, मुझे तो मैसेज ही नहीं मिला!
सर्दी में गोभी फ्रिज में न रखें, कीड़ों को
ठण्ड लग सकती है, जीवों पर दया करें..!
हमारे पास एक ऐसी चीज़ है जिसे पहन
कर आप पूरी दुनिया देख सकते हैं, पर

आपको कोई नहीं देख सकता, कीमत
पाँच हज़ार रुपये, होमडिलीवरी फ्री ये
ऐड पढ़, मेरी उत्सुकता बढ़ी तो प्रीपेमेंट
ऑन लाइन आर्डर कर दिया पर जब
पैकेट खोला तो 'बुर्का' निकला...!
पति ने पत्नी से पूछा - तुम आखिर घर
में करती ही क्या हो? तो पत्नी ने कहा -
बस इतना ही कि तुम मकान को घर
कह सको...!!!
इन्वेस्टमेंट ऑफिस के बाहर क्या ही बढ़िया
लिखा हुआ देखा - अमिताभ बच्चन के साथ
'बागबान' में और राजेश खन्ना के साथ 'अवतार'
में जो हुआ, वो आपके साथ न हो तो आज ही
रिटायरमेंट प्लानिंग कर लीजिये...!!!
वजन कम करने की सोच रहा था...कि
गाज़र के हलुवे ने मुझे देख...फिर मैनें
गाज़र के हलुवे को देखा...फिर क्या?
फिर गाज़र के हलुवे का वज़न कम हो गया
जब पाप का घड़ा भर जाये तो घड़ा हटा कर
ड्रम लगा देना चाहिये क्योंकि सुधरना तो हमने
है ही नहीं...!
मेरा दर्द किसी के लिये हँसने की वजह हो
सकता है पर मेरी हँसी कभी भी किसी के
लिये दर्द की वजह नहीं होनी चाहिये...!
फेसबुक और व्हाट्सएप की इतनी बुरी आदत
लग गई है कि कल पड़ोसन ने एक्सरे दिखाया
तो nice pic निकल गया मुहँ से...!
जब आप दुनियाँ को समझने लगें और
आप दुनियाँ की समझ में आना बन्द हो
जायें तो समझ लेना कि जिन्दगी सही

दिशा में जा रहा है.......!
जीवन एक वृत है, खुशी उसका केन्द्र बिन्दु,
जीवन को बड़ा बनाने के लिये खूब पैसा
कमाते हैं, स्वास्थ्य की परवाह किये बिना
जी जान लगाते हैं, हकीकत में खुशियाँ
से दूर हो जाते हैं....।
रिश्तों की टूटी हुई माला जब दोबारा जुड़ती है
तो वो थोड़ी छोटी हो जाती है, क्योंकि ज़ज़्बात
के कुछ मोती फिर जुड़ नहीं पाते हैं!..सही बात

16

आज का रंग - गाइड के संग

सुख का मतलब सिर्फ इतना है कि...आप डॉक्टर और वकील को न ढूंढें और पुलिस आप को न ढूंढें...!!!

आज 45 - 50 दिन के बाद मेरी मेहनत रँग लाई...आखिर उसने मेरे मैसेज का रिप्लाई दिया...वो बोली दोबारा मैसेज मत करना!

शादी से पहले जो दर्द...दिल में होता है...वो दर्द शादी के बाद शिफ्ट हो कर सिर में पहुँच जाता है!

अगर जिन्दगी उसकी जुल्फों की छाँव में गुजर जाती तो...किसी को भी होम लोन लेने की जरूरत ही नहीं पड़ती...!!!

नन्दू जी की पत्नी ने घर में सीरियल किलर है, कह कर पुलिस को बुलाया...पुलिस आई तो पूछा - कहाँ है, सीरियल किलर...??? नन्दू जी की पत्नी बोली - यह रहे मेरे पति, ले जाइए इन को...ये मुझे एक भी सीरियल नहीं देखने देते!

अब वो समय भी दूर नहीं...जब शादी होते

समय दुल्हन को यह वचन देना होगा कि वो
बेलन का इस्तेमाल सिर्फ रोटियाँ बनाने में
ही करेगी...!!!
यदि हर कोई आप से खुश है तो ये निश्चित है कि
आपने जीवन में बहुत समझौते किये हैं...और यदि
आप सबसे खुश हैं तो निश्चित है कि आपने लोगों
की बहुत सी गलतियों को नजरअंदाज किया है...
क्या कमाल है Z प्लस सिक्युरिटी में बैठे, पहुँचे
हुए सन्त बाबा कहलाने वाले भी बोल उठते
हैं - जीवन मरण ऊपर वाले के हाथ में है...!!!
लॉ कॉलेज स्टूडेंट्स ग्रुप ने अपने वकील से पूछा -
सर, भारत में वकालत का क्या अर्थ है, इस पर ये
उदाहरण प्रस्तुत किया - मान लो दो व्यक्ति मेरे पास
आते हैं - एक बिल्कुल साफ सुथरा और दूसरा बेहद
गन्दा, मैं उन दोनों को सलाह देता हूँ कि वे नहा कर
साफ सुथरे हो जाये, अब तुम लोग बताओ कि उनमें
से कौन नहायेगा? एक बोला - जो गन्दा है वो नहायेगा!
तो वकील - नहीं केवल साफ व्यक्ति ही ऐसा करेगा
क्योंकि उसे नहाने की आदत है, जबकि गन्दे व्यक्ति को
तो सफाई का महत्व मालूम ही नहीं! अब बताओ कौन
नहायेगा? तो दूसरे स्टूडेंट ने कहा - साफ व्यक्ति तो अब
वकीलने कहा - नहीं गन्दा व्यक्ति नहायेगा क्योंकि उसे
सफाई की जरूरत है ! अब बताओ कौन नहायेगा...??
तो ज़वाब - जो गन्दा है, वो नहायेगा! इस पर वकील - नहीं
दोनों नहायेंगे...क्योंकि साफ व्यक्ति को नहाने की आदत
है और गन्दे को नहाने की जरूरत! अब बताओ न, कौन
नहायेगा?सभी एक साथ बोले- जी दोनों नहायेंगे...!!!
वकील ने कहा- गलत! कोई नहीं नहायेगा क्योंकि गन्दे
को नहाने की आदत नहीं जबकि साफ को नहाने की
जरूरत नहीं, अब बताओ कौन नहायेगा??? एक बड़ी

विनम्रतापूर्वक बोला - सर, आप हर बार अलग - अलग ज़वाब देते हैं व हर ज़वाब सही मालूम पड़ता है! तो हमें सही ज़वाब कैसे मालूम होगा...?? वकील साहब बोले - बस यही वकालत है....महत्वपूर्ण ये नहीं है कि वास्तविकता क्या है....बल्कि महत्वपूर्ण ये है कि आप अपनी बात को पूरा सही साबित करने के लिये कितने सम्भावित तर्क प्रस्तुत कर सकते हैं...क्या समझे...?? नहीं समझे...?? यही वकालत है...!!!!

कहते हैं जहाँ एक बार धोखा मिल जाये, वहाँ दोबारा नहीं जाना चाहिये...क्या करें....अब ससुराल तो जाना पड़ता ही है...!!!

अगर तुम्हारे पास कोई हुनर है तो उस हुनर को कमाई का जरिया बनाओ...पति के ये कहने पर पत्नी बोली - मतलब अब लड़ने के भी पैसे लूँ!!

दोस्ती इतनी गहरी होनी चाहिये...कि ये पता ही न चले...किस ने किस को बिगाड़ा!

एक व्यक्ति सुबह उठते ही थोड़ा आध्यात्मिक हो गया और आँखे बन्द कर के सोचने लगा - कौन हूँ मैं?...कहाँ सेआया हूँ?...क्यों आया हूँ?...कहाँ जाना है...इन गूढ़ प्रश्नों के चिंतन में वह इतना खो गया कि समय का ध्यान ही नहीं रहा...तभी किचन से पत्नी की आवाज़ आई - एक नम्बर के आलसी हो तुम, पता नहीं कौन सी दुनिया से आये हो, मेरी जिन्दगी खराब करने, उठो और नहाने जाओ!...है न कितने आश्चर्य की बात...चारों प्रश्नों का सुगमता से उत्तर मिला, आध्यात्मिक यात्रा पूरी होने के साथ सम्पूर्ण ज्ञान की प्राप्ति भी हो गई...!!!

हेलो, मैं ED से बोल रहा हूँ...ये आवाज़ सुन नेता जी बोले-अरे भाई मैं बीजेपी में ही हूँ...फिर उधर से आवाज़ आई-सॉरी सॉरी सर रॉन्ग नम्बर..

बहादुरगढ़ में शुक्रवार को एक वृद्ध ने भण्डारे में ग्यारह पूरियां, तीन कटोरी सब्ज़ी चार लड्डू खा लिये, बुढ़ापे के कारण गैस बन गई, नामी डॉक्टर को दिखाया तो उसने बगैर फीस लिये पर्ची लिखी...जिसमें दिये गये सुझाव के अनुसार एक समाजसेवी ने वृद्ध को स्कूटर पर बिठाया और फ़ास्ट ग्रोइंग सिटी बहादुरगढ़ के सेक्टर 2, 6, 7 से सब्ज़ी मन्डी से झज्जर रोड, नजफगढ रोड फिर लाइन पार की सभी स्मार्ट सड़कों का चक्कर लगा उसी नामी डॉक्टर की दुकान के पास ही छोड़ा! बार बार हिचकोले खाने से वृद्ध के शरीर के साथ आत्मा भी कांप गई और शहर की सड़कों के गड्ढों से सब खाया पिया हज़म हो गया!वृद्ध के परिजनों ने नगरपरिषद के अधिकारियों, जनप्रतिनिधियों, स्थानीय विधायक का फ़ास्ट ग्रोइंग सिटी में सड़कों की निर्माण सुविधा के लिये आभार जताया! इस घटना के बाद रोहतक, गुरुग्राम, भिवानी फरीदाबाद, सोनीपत तथा समीप के अन्य राज्यों के कई शहरों से भी पेट की गैस से पीड़ित मरीजों के बहादुरगढ़ पहुंचने की सम्भावना है....!!!

आप नेक काम करते रहें, कोई आपको सम्मानित करे या न करे, आपकी अन्तरात्मा सदैव आपका सम्मान करेगी!....बस यही बात ही सकून प्रदाता

17

आज का रंग - गाइड के संग

जिस प्रकार श्वास आपके शरीर को चलाता उसी प्रकार विश्वास आपके सम्बन्धों को, पर श्वास आपके हाथ में नहीं अपितु विश्वास है, तो फिर उसे तो बना कर रखिये न!

एक बार मैनें भी रोड शो किया था...जब मेरी शादी थी...ज़मानत तो ज़ब्त हो गई व आजीवन कारावास मिला सो अलग!

आज फिर एक साल बाद उसे देखा..बिल्कुल वैसी की वैसी ही थी...तय कर लिया कि अब दूसरी के चक्कर में नहीं पड़ूँगा...इस साल भी अपनी पुरानी स्वेटर से ही काम चलाऊंगा..!!!

सरकार दारू बेच कर, जिन्हें गेहूँ, चावल बांट रही है, वही गरीब गेहूँ, चावल बेच दारू खरीद रही है...सच में! पृथ्वी गोल है भाई!...!!!

नशे में टल्ली एक शराबी घर आ रहा था, उसे एक चिकन वाला दुकान बढ़ाता दिखा-अबे, चिकन है क्या? उसने हांक लगाई तो दुकानदार-एक कच्चा

रखा है, दूँ क्या? तन्दूरी तो सब बिक गये!चल कच्चा ही दे दे, बीवी पका देगी, अभी वक्त ही क्या हुआ है? उसे अंदाज़ा ही नहीं था कि रात के साढ़े बारह बज चुके थे, दुकानदार ने उसे कच्चा चिकन ही पैक कर दिया।मोहल्ले के बाहर ही शराबी को कुत्ते भौंकते मिले, तभी एक बहुत मोटा सा कुत्ता सामने आ गया, जो भौंक नहीं रहा था!उसे वो बोला-अरे वाह! तू तो बहुत अच्छा कुत्ता है, मुझे भौंक नहीं रहा, ले तू चिकन खा, उसने मज़े ले कर खाया, तो शराबी ने उसकी पीठ पर हाथ फेरा और घर की ओर चल पड़ा व घर में जो बीवी ने दिया, चुपचाप खाने लगा!बीवी को फिक्र हो हो गई, बाहर गलियों में तेंदुआ घूम रहा है, पिंटू पड़ोसी के घर टी वी पर लाइव मैच देखने गया है, उसे बाहर न निकलने की हिदायत देने की सोच ही रही थी कि तभी उसके फोन पर पिंटू ने तेज़ी से वायरल होता वीडियो भेजा, कैप्शन था...हमारी कालोनी के हीरो!...तेंदुए पर हाथ फेरते हुए पति को देख बेचारी बीवी के तो होश ही फ़ाख्ता हो गये!अब तो आप सब समझ ही गये होंगे कि शराबी अपने को यूँ ही शेर दिल, बब्बर शेर नहीं कहते, कुछ तो सच्चाई सच में है ही...!!!

गड्ढे हसीना के गाल पर हों या सड़क पर, दोनों ही खतरनाक हैं, एक से दिल और एक से गुर्दा बाहर निकल आता है...!!!

कल्लन गाँव का मशहूर बेवड़ा था, उसकी दारू छुड़ाने के सारे प्रयास विफल हो गये तो उसके कुछ दोस्त उसे शहर के प्रसिद्ध वैद्य चिंतामणि के पास ले कर गये तो वैद्य जी ने तीन बार जड़ी बूटियों से बनाये गये विशेष काढ़े में डुबकी लगवाई और कहा-कि पुराना कल्लन मर चुका है, अब तुम पूर्णतया शुद्व हो गये ही, अब यह तुम्हारा पुनर्जन्म है और आज से तुम्हारा नाम कल्लन

नहीं ...कमलनाथ...है!कमलनाथ उर्फ कल्लन महाराज ने चुपचाप सहमति दी और घर पहुँच गये, वहाँ अपनी अलमारी खोली, ओल्ड मॉन्क की बोतल निकाली, उसे तीन बार केवड़ा डले पानी में तीन बार डुबोया व बोला- ओल्ड मॉन्क मर चुकी है, अब तुम शुद्ध हो गई हो, तुम्हारा अल्कोहल खत्म हो गया है, ये तुन्हारा पुनर्जन्म है और आज से तुम्हारा नाम...वैद्यनाथ काढ़ा...है...!!!

जिन्दगी में वही लोग आगे बढ़ते हैं...जो लोग झाड़ू लगाते हैं...वरना पोंछा लगाने वालों को तो...पीछे ही हटते देखा है...!!!

दो महिलाओं की मुलाकात स्वर्ग में हुई!पहली-कहो बहन, तुम्हारी मौत कैसे हुई? तो दूसरी- ठण्ड लगने के कारण और तुम्हारी?तो वो बोली-हाई ब्लड प्रेशर के कारण! दरअसल बात ये हुई कि मुझे अपने पति पर शक था, मुझे पता चला वो घर में किसी दूसरी औरत के साथ हैं, मैं घर पहुँची तो देखा कि मेरे पति आराम से अकेले टी वी देख रहे हैं...तो दूसरी-फिर क्या हुआ? इस पर वो बोली- खबर पक्की थी, मुझे विश्वास नहीं हुआ, मैनें उस औरत को घर के कोने कोने में, तहखाने में, पर्दों के पीछे, गार्डन में यहाँ तक कि अलमारी और सन्दूक में भी तलाशा, मुझे इतनी टेंशन हुई कि मेरा ब्लड प्रेशर बहुत बढ़ गया और मेरी मौत हो गई। ये सुन दूसरी बोली- काश! तुमने फ्रिज खोल कर देख लिया होता...तो हम दोनों आज जिन्दा होतीं...!!!

देखते ही देखते शादी को 36 साल हो गये-पत्नी जी के ये कहने मैनें कहा-देखते देखते तुम्हें हुए होंगे...मुझे तो सुनते सुनते हुए हैं...!!!

मिन्टू लाइब्रेरी जा कर पूछता है कि आत्महत्या करने के तरीकों की कोई किताब है क्या..? तो लाइब्रेरियन ने उसे बड़े विस्मय से घूर कर देखा और पूछा वापस

करने कौन आयेगा भाई...!!
एक औरत अपने बॉयफ्रेंड से शिकायत कर रही थी...मेरा पति मुझ पर शक करता है...!!!
पहले मैं शराब पीता था...फिर मैं शराब छुड़वाने वाले एक मशहूर बाबा जिनकी ख्याति दूर दूर तक थी, के पास गया...अब बाबा चखना का इंतज़ाम कर लेता है...और मैं बोतल का...दोनों साथ पीते हैं...!!!
जो जैसा है...उसे वैसा ही...अपना लो...रिश्ते निभाने...आसान हो जायेंगे...!यथार्थ सत्य...!
जिस प्रकार श्वास आपके शरीर को चलाता उसी प्रकार विश्वास आपके सम्बन्धों को, पर श्वास आपके हाथ में नहीं अपितु विश्वास है, तो फिर उसे तो बना कर रखिये न!
एक बार मैनें भी रोड शो किया था...जब मेरी शादी थी...ज़मानत तो ज़ब्त हो गई व आजीवन कारावास मिला सो अलग!
आज फिर एक साल बाद उसे देखा..बिल्कुल वैसी की वैसी ही थी...तय कर लिया कि अब दूसरी के चक्कर में नहीं पड़ूँगा...इस साल भी अपनी पुरानी स्वेटर से ही काम चलाऊंगा..!!!
सरकार दारू बेच कर, जिन्हें गेहूँ, चावल बांट रही है, वही गरीब गेहूँ, चावल बेच दारू खरीद रही है...सच में! पृथ्वी गोल है भाई!...!!!
नशे में टल्ली एक शराबी घर आ रहा था, उसे एक चिकन वाला दुकान बढ़ाता दिखा-अबे, चिकन है क्या? उसने हांक लगाई तो दुकानदार-एक कच्चा रखा है, दूँ क्या? तन्दूरी तो सब बिक गये!चल कच्चा ही दे दे, बीवी पका देगी, अभी वक्त ही क्या हुआ है? उसे अंदाज़ा ही नहीं था कि रात के साढ़े बारह बज चुके थे, दुकानदार ने उसे कच्चा चिकन ही पैक कर

दिया।मोहल्ले के बाहर ही शराबी को कुत्ते भौंकते मिले, तभी एक बहुत मोटा सा कुत्ता सामने आ गया, जो भौंक नहीं रहा था!उसे वो बोला-अरे वाह! तू तो बहुत अच्छा कुत्ता है, मुझे भौंक नहीं रहा, ले तू चिकन खा, उसने मज़े ले कर खाया, तो शराबी ने उसकी पीठ पर हाथ फेरा और घर की ओर चल पड़ा व घर में जो बीवी ने दिया, चुपचाप खाने लगा!बीवी को फिक्र हो हो गई, बाहर गलियों में तेंदुआ घूम रहा है, पिंटू पड़ोसी के घर टी वी पर लाइव मैच देखने गया है, उसे बाहर न निकलने की हिदायत देने की सोच ही रही थी कि तभी उसके फोन पर पिंटू ने तेज़ी से वायरल होता वीडियो भेजा, कैप्शन था...हमारी कालोनी के हीरो!...तेंदुए पर हाथ फेरते हुए पति को देख बेचारी बीवी के तो होश ही फ़ाख्ता हो गये!अब तो आप सब समझ हो गये होंगे कि शराबी अपने को यूँ ही शेर दिल, बब्बर शेर नहीं कहते, कुछ तो सच्चाई सच में है ही...!!!

गड्ढे हसीना के गाल पर हों या सड़क पर, दोनों ही खतरनाक हैं, एक से दिल और एक से गुर्दा बाहर निकल आता है...!!!

कल्लन गाँव का मशहूर बेवड़ा था, उसकी दारू छुड़ाने के सारे प्रयास विफल हो गये तो उसके कुछ दोस्त उसे शहर के प्रसिद्ध वैद्य चिंतामणि के पास ले कर गये तो वैद्य जी ने तीन बार जड़ी बूटियों से बनाये गये विशेष काढ़े में डुबकी लगवाई और कहा-कि पुराना कल्लन मर चुका है, अब तुम पूर्णतया शुद्व हो गये हो, अब यह तुम्हारा पुनर्जन्म है और आज से तुम्हारा नाम कल्लन नहीं ...कमलनाथ...है!कमलनाथ उर्फ कल्लन महाराज ने चुपचाप सहमति दी और घर पहुँच गये, वहाँ अपनी अलमारी खोली, ओल्ड मॉन्क की बोतल निकाली, उसे तीन बार केवड़ा डले पानी में तीन बार डुबोया व बोला-

ओल्ड मॉन्क मर चुकी है, अब तुम शुद्ध हो गई हो, तुम्हारा अल्कोहल खत्म हो गया है, ये तुम्हारा पुनर्जन्म है और आज से तुम्हारा नाम...वैद्यनाथ काढ़ा...है...!!!

जिन्दगी में वही लोग आगे बढ़ते हैं...जो लोग झाड़ू लगाते हैं...वरना पोंछा लगाने वालों को तो...पीछे ही हटते देखा है...!!!

दो महिलाओं की मुलाकात स्वर्ग में हुई!पहली-कहो बहन, तुम्हारी मौत कैसे हुई? तो दूसरी- ठण्ड लगने के कारण और तुम्हारी?तो वो बोली-हाई ब्लड प्रेशर के कारण! दरअसल बात ये हुई कि मुझे अपने पति पर शक था, मुझे पता चला वो घर में किसी दूसरी औरत के साथ हैं, मैं घर पहुँची तो देखा कि मेरे पति आराम से अकेले टी वी देख रहे हैं...तो दूसरी-फिर क्या हुआ? इस पर वो बोली- खबर पक्की थी, मुझे विश्वास नहीं हुआ, मैनें उस औरत को घर के कोने कोने में, तहखाने में, पर्दों के पीछे, गार्डन में यहाँ तक कि अलमारी और सन्दूक में भी तलाशा, मुझे इतनी टेंशन हुई कि मेरा ब्लड प्रेशर बहुत बढ़ गया और मेरी मौत हो गई। ये सुन दूसरी बोली- काश! तुमने फ्रिज खोल कर देख लिया होता...तो हम दोनों आज जिन्दा होतीं...!!!

देखते ही देखते शादी को 36 साल हो गये-पत्नी जी के ये कहने मैनें कहा-देखते देखते तुम्हें हुए होंगे...मुझे तो सुनते सुनते हुए हैं...!!!

मिन्टू लाइब्रेरी जा कर पूछता है कि आत्महत्या करने के तरीकों की कोई किताब है क्या..? तो लाइब्रेरियन ने उसे बड़े विस्मय से घूर कर देखा और पूछा वापस करने कौन आयेगा भाई...!!

एक औरत अपने बॉयफ्रेंड से शिकायत कर रही थी...मेरा पति मुझ पर शक करता है...!!!

पहले मैं शराब पीता था...फिर मैं शराब छुड़वाने वाले

एक मशहूर बाबा जिनकी ख्याति दूर दूर तक थी. के पास गया...अब बाबा चखना का इतज़ाम कर लेता है...और मैं बोतल का...दोनों साथ पीते हैं...!!!
जो जैसा है...उसे वैसा ही...अपना लो...रिश्ते निभाने...आसान हो जायेंगे...! यथार्थ सत्य...!

18

आज का रंग - गाइड के संग

दुनिया का कोई भी डॉक्टर...वो टांग सीधी नहीं कर सकता...जो लोग दूसरों के मामले में...अड़ाते हैं...!!!

बच्चा आराम से सोफे पर बैठ टी वी में रामायण सीरियल देख रहा था, ताड़का राक्षसी को देख कर बोला-यह कौन है? मम्मी बोली-बुआ...पापा बोले-मौसी... बस रामायण खत्म, महाभारत चालू...!

मतदान के बाद उँगली में स्याही लगवा कर खुश होना लोकतन्त्र नहीं है...अपने हक के लिये सरकार को...उँगली दिखा कर सवाल पूछना लोकतन्त्र है...!

विश्वास और अंधविश्वास में फर्क-
जिसने दारू दी वह नमकीन भी देगा यह है विश्वास लेकिन जिसने नमकीन दी वह दारू भी देगा-यह है अंधविश्वास!

यदि तुम्हें लगता है, चार लोग क्या कहेंगे...

यकीन मानो वो चौथे व्यक्ति तुम स्वयँ हो!
भारतीय नारी के भी क्या कहने-यूँ तो
उम्मीद करती हैं कि पति तारीफ करे
लेकिन जब वो तारीफ करते हैं तो फिर
यकीन ही नहीं करती और मुहँ फुला
लेती हैं...!
एक महिला अपनी नई पड़ोसन के साथ उनके
घर के अन्दर जाने लगी तभी उसकी नज़र वहाँ
दरवाजे पर टँगे बोर्ड पर पड़ी, लिखा था-कृपया
चप्पलों के साथ अपनी गलत सोच और सास
बहु, देवरानी जेठानी टाइप की चुगली बाहर ही
उतार कर आयें और एक सबसे खास बात-
अपनी तिरछी नज़रों से मेरे हैंडसम पति को
न देखें, वह बहुत सीधे हैं, किसी के भी बहकावे
में आ जाते हैं...!
इस पूरे ब्रह्मांड में...ऐसी कोई ठण्ड नहीं बनी
जो...शादियों में...लड़कियों को लग जाये...!
एक बार एक वोटर लाइन में लगे हुए ही अचानक
हार्ट अटैक से मर गया, मृत्यु उपरांत वो यमराज के
दरबार में पहुंचा तो चित्रगुप्त उसके कर्मों का खाता
खोले बैठा था, देखने के बाद उसने कहा-ये तो फिफ्टी
फिफ्टी का मामला है, पलड़ा दोनों तरफ बराबर है, ऐसी
स्थिति पहली बार हुई है, इसे कहाँ भेजे?-स्वर्ग या नरक
यमराज बोले-इसे ही निर्णय करने दो!दूत के साथ पहले
नर्क जाने पर उसने खुद को गोल्फकोर्स में पाया, चारों ही
ओर हरियाली, खूबसूरत दृश्य बीच में छोटा सा क्लब जहाँ
उसके सभी पुराने मित्र मिल गये, बेहद खुश व मज़े ले रहे
थे, उनके साथ ढेर सारा आनन्द उठाया, खाना खाया, बढ़िया
शराब पी! आखिर उनसे विदा ले कर वो दूत के साथ स्वर्ग
पहुँचा, वहाँ सभी सन्त टाइप के सन्तुष्ट व्यक्ति भजन कीर्तन

में लीन थे, दिन बीतता दिखा नहीं उसे!जाने का समय होते ही वो दूत के साथ यमराज के पास पहुँचा! यमराज ने उस का निर्णय जानना चाहा तो वो बोला-महाराज स्वर्ग बहुत ही अच्छा है लेकिन मैं तो नर्क में ही रहना चाहूँगा, असली मज़ा और आनन्द वहीं पर है, यमराज ने दूत को उसे नर्क में छोड़ कर आने के लिये कहा!नर्क के द्वार के अंदर घुसते ही वो तो चौंक गया-चारों तरफ ही उजाड़ बियावान रेगिस्तान नज़र आ रहा था, उसके सभी मित्र फटेहाल अवस्था में वहाँ बिखरे हुए कूड़े कर्कट में अपना भोजन तलाश रहे थे, उसने दूत से कहा-ये क्या? कल तो यहाँ दूसरा ही दृश्य था तो दूत ने हँसते हुए कहा-कभी पृथ्वी पर चुनाव प्रचार नहीं देखा क्या...?कल तो अभियान का दिन था...तुम्हें लुभाने का दिन था..तुम्हें फँसाने का दिन था...आज तुम अपना वोट दे चुके हो...!!!

पत्नी ने पति को मैसेज किया-ऑफिस सेआते
समय सब्ज़ी लेते आना, लिस्ट बना दी है और हाँ,
पड़ोसन ने तुम्हारे लिये हेलो कहा है!पति ने पूछा-
कौन सी पड़ोसन? पत्नी का ज़वाब-कोई भी नहीं
मैनें उसका जिक्र इसलिये किया, ताकि निश्चिंत हो
सकूँ कि...तुमने पूरा मैसेज पढ़ लिया है...!

अगर, मुझे कोई भूत पकड़ ले तो तुम क्या करोगे?
पत्नी के ये पूछने पर मैं बोला-अरे, भागवान, अब
भाई बहन के बीच में, मैं क्या सलाह दे सकता हूं!

जो तुमको हो पसन्द, वही बात करेंगे, तुम
दिन को अगर रात कहो, रात कहेंगे!अर्थात
इस गीत में सन्देश दिया जा रहा है कि हे प्रिय,
तुम्हारे मुहँ कौन लगे...???

क्या ये सच है कि जोडियाँ ऊपर ही बनती हैं???
जवाब तो इसका हाँ ही है तो इसका मतलब ये ही
हुआ न, कि ऊपर भी काम ढँग से नहीं हो रहा है...!

भारत में एक प्रतिशत लड़कियाँ ही क्रिकेट

टेनिस, हॉकी, बैडमिंटन जैसे खेल खेलती हैं
बाकी निन्यानवे प्रतिशत लड़कियाँ पत्नी बन
कर पति की जिन्दगी से खेलती हैं...!
कहने को तो व्हाट्सएप दिल वालों का मेला है,
पर जो...जितना ज्यादा ऑनलाइन है...उतना ही
अन्दर से अकेला है...!!!
कल्पना सुन्दर होती है...पर उसे जिया नहीं
जा सकता...वास्तविकता कड़वी होती है...
पर उसे छोड़ा नहीं जा सकता!..नितान्त सत्य

19

आज का रंग - गाइड के संग

माता पिता बच्चों को जन्म देते हैं...परन्तु जब माता पिता को जरूरत होती है...तो बच्चे माता पिता को जीवन नहीं देते...!!!

लड़कों का बस नहीं चलता, वर्ना वो तो लड़कियों की कब्र पर भी लिख दें-नाइस कब्र, वन्डरफुल लोकेशन, ब्यूटीफुल मिट्टी!

जिसके लिये चाय बनाना सीख रहा था...वो पैग बनाने वाले के साथ भाग गई...!!!

भारत में दो प्रकार की लडकियाँ पाई जाती हैं...एक बॉयफ्रेंड को उल्लू बनाने वाली...व दूसरी उल्लू को बॉयफ्रेंड बनाने वाली...!!!

ये पैसा भी अजीब चीज़ है...जिसके पास नहीं है, उसकी कोई इज़्ज़त नहीं...और जिसके पास है...उसे किसी की इज़्ज़त नहीं...!

मैं तो समझता था कि...व्हाट्सएप की ये बीमारी मुझे ही है...पर फिर जब आप सब लोगों को देखा...तो पता चला ये तो भई

महामारी ही है...!
एक नन्हें लड़के ने नन्हीं लड़की से कहा-मैं तुम्हारा बी एफ यानी बेस्ट फ्रेंड, जब वो नौजवान हुआ और वो बेहद सुंदर तो उस ने फिर कहा-आय एम योर बी एफ यानी बॉय फ्रेंड, कुछ वर्ष बाद शादी कर ली, तोपति मुस्कराया- आय एम योर बी एफ यानीआप के बच्चों का पिता-baby's father, समय गुजरा, दोनों बुड्ढे हो गए, आँगन में साथ बैठे डूबते सूरज की ओर देखते बुजुर्ग ने फिर दोहराया-मेरी प्रिय, आय एम योर बी एफ, वो झुर्रियों वाले चेहरे के साथ हँसी अब बी एफ क्या?बुड्ढा खुशी से हँसा-be forever, सदा एक दूजे के लिये, जब वो बुजुर्ग जिन्दगी की अन्तिम साँस ले रहा था, तब भी बोला-आय एम योर बी एफ!गम में डूबी बुढ़िया बोली-अब बी एफ?ज़वाब आया bye foreverअलविदा सदा के लिये, कुछ दिनों में बुढ़िया भी पंचतत्वों में विलीन हो गई, दीवार पे दोनों की साथ साथ फोटो लगा, बच्चों ने क्या ही सुन्दर बात लिखवाई-बी एफ-besides Forever-पास हूँ, सदा के लिये!!!!
एक अरसे से हम...जिन की जरूरत बने रहे
फिर यूँ हुआ कि...उनकी जरूरत ही बदल गई
हाल चाल पूछने का ज़माना गया साहब...आदमी ऑनलाइन दिख जाये तो समझ लेना...सब ठीक है...भगवान हम सब को ऑनलाइन रखे...!
फेसबुक पर वो लोग भी...अपना बर्थ डे सेलिब्रेट करते हैं...जिन्हें अक्सर घर वाले कहते हैं...कि तू पैदा ही क्यों हुआ...!
डॉक्टर को समझ नहीं आ रहा था कि...पेशेंट को कैसे बतायें कि...वो सीरियस है, तो यही कह कर समझाया कि...जो भी मोबाइल में डिलीट

करना हो...जल्द कर दीजियेगा...!
आपके बर्तन बड़े चमक रहे हैं...धोने के लिये किसका इस्तेमाल करती हैं?... पड़ोसन के पूछने पर ज़वाब दिया -पति का...!
ऑनलाइन कारोबार की जबरदस्त सफलता से बड़े-बड़े व्यापारी घबरा चुके हैं लेकिन सबसे ज्यादा निश्चिन्त सुलभ शौचालय वाले हैं...कोई माई का लाल, ऑनलाइन वाला, पैदा ही नहीं हुआ जो उन के धन्धे में सेंध लगा सके!
ससुराल वाले पूरा हाल-चाल पूछ लेंगे पर ये कभी नहीं पूछेंगे कि बेटा, हमारी लड़की के साथ खुश तो हो न!
रेलवे स्टेशन पर लखनऊ से आये यात्री ने कुली से पूछा-भाई साहब, पूछताछ कार्यालय कहाँ हैं..?तो ज़वाब मिला--मुझे भी नहीं पता!आगे जा कर लेफ्ट साइड में इन्क्वायरी ऑफिस है, वहाँ पता करो!!!
कुछ लोग इतने अच्छे होते हैं कि लाइक पहले करते हैं.....पोस्ट बाद में पढ़ते हैं!
गलती पेट की गैस की तरह है, खुद की हो, तो बुरी नहीं लगती और दूसरों की हो तो बर्दाश्त नहीं होती!
शाम को पति बोर हो रहा था तो उसने मज़ाक मज़ाक में ही पत्नी को बंदरिया बोल दिया... ढाई तीन घण्टे कब निकल गए और करीब दो ढाई सौ जानवरों के नाम पता चले और जो रात को रोटी भी नहीं मिली सो अलग..!!!
मैंने सुना है, आदमी को स्वर्ग में अप्सरायें मिलती हैं तो औरत को क्या मिलता है?पत्नी के ये पूछने पर पति का ज़वाब था--कुछ नहीं, ऊपर वाला सिर्फ दुःखियों की ही सुनता है...!
सामने वाले को कभी भी छोटा न समझो

हो सकता है वो आपसे भी बड़ा गधा हो!
कभी कभी तो ऐसे लगता है...जैसे मेरे सब्र का फल...कोई और ही खा गया...!!!
धन हमेशा के लिये मित्र नहीं होता...लेकिन मित्र हमेशा के लिये धन होता है...क्या बात?

20

जीवन की मिठास का स्वाद लेने के लिये
हमारे पास...अतीत को भूलने की शक्ति
होनी चाहिये...ये शक्ति नहीं है...तो फिर
कड़वाहट अवश्यम्भावी है...!!!
कुछ लोग तो फोन पर इतनी धीरे धीरे
बात करते हैं...जैसे एक दूसरे को फूँक
मार कर सारी बात समझा रहे हों...!!!
चोर शायद एक बार मान भी ले कि उस
ने चोरी की है लेकिन खर्राटे लेने वाले
हरगिज़ नहीं मानेंगे कि वो खर्राटे लेते हैं!
पीठ हमेशा ही मज़बूत रखनी चाहिये
क्योंकि शाबाशी व धोखा दोनों पीछे
से ही मिलते हैं...!!!
एक शैतानी चुड़ैल ने 60 साल के पति पत्नी
से कहा-मैं तुम दोनों की एक एक इच्छा पूरी
कर सकती हूँ, पत्नी बोली-मैं अपने पति के
साथ सारी दुनिया घूमना चाहती हूँ...चुड़ैल ने
चुटकी बजाई और दो एयर टिकट आ गईं...
फिर पति से पूछा-तुम बोलो क्या चाहते हो?
तो उसने कहा- मुझे अपने से 30 साल छोटी
पत्नी चाहिये...चुड़ैल ने चुटकी बजाई और पति

को नब्बे साल का कर दिया....!!!!..(आदमी को याद रखना चाहिए, चुड़ैल भी औरत होती है)

पता है मैं हमेशा खुश क्यों रहता हूँ?क्योंकि मैं खुद के सिवा...किसी से भी कोई उम्मीद नहीं रखता...!!!

एक बड़ी ही सुन्दर महिला ने अपने बेटे को पास के मदरसे में उर्दू सीखने के लिये भर्ती करवा दिया! उर्दू पढ़ाने वाला उस महिला की सुंदरता के बारे में जानता था, छुट्टी के समय मौलाना ने उसके बेटे से कहा-अपनी अम्मी को मेरा सलाम कहना, बेटे न घर आ कर बताया तो उसने भी सलाम का उत्तर सलाम भेज कर दे दिया, ये सिलसिला हफ्ते भर चला...महिला ने पति से परामर्श किया और अगले दिन बेटे से मौलाना को कहलवाया कि...शाम को घर पर बुलाया है, मौलानाखुश, तीन दिन से नहाया नहीं था...बासी शेरवानी इस्तरी करवाई, इत्र मार और पहुँच गया सुन्दरी के घर...महिला ने पहले आवभगत की, चाय नाश्ताकरवाया फिर बेटे की पढ़ाई के बारे में पूछा...?मौलाना औपचारिक बात करने के बाद अपनी असलियत पर आया-माशा अल्लाह, आपको खुदाने बड़ी फुर्सत से तराशा है...महिला बोली-वो तो है... शुक्रिया!मौलाना बोले-मुझे आप से इश्क हो गया है, तो महिला बोली-हाँ, वो तो है, पर ये बात मेरे पति ने सुन ली तो मुश्किल हो जायेगी, वो आते ही होंगे, आप अभी जाइये, कल शाम को फिर आइयेगा तब बात करेंगे...!मैं आपका इंतजार करुँगी। मौलाना चलने को ही हुआ था कि बाहर से उस के पति की आवाज़ आई-कौन हरामखोर घर में घुसा है! मौलाना घबराया-कहाँ छुप जाऊँ...?महिला ने

उसे फटाफट बुर्का पहनाकर गेहूँ पीसने वाली पत्थर की चक्की के पास बैठा दिया और कहा-आप धीरे धीरे गेहूँ पीसिये...मैं अभी उनको चाय वगैरह पिला कर बाहर भेजती हूँ...!आप मौका देख कर भाग जाना...!पति आये और पूछा-ये कौन महिला है...? तो पत्नी- पड़ोस में नए किरायेदार आये हैं...उनकी बेगम...हैं, गेहूँ पीसने आई हैं! पति पत्नी बहुत देर तक हँसी मज़ाक और बातें करते रहे...दो घँटे बाद पति ने कहा-मैं जरा पान खा कर आता हूं और बाहर निकल गये!दो घँटे तक गेहूँ पीसते पीसते, पसीने से तरबतर मौलाना ने बुर्का उतार कर फैंका और आनन फानन में वहाँ से सरपट हो लिये...!पाँच दिन बाद... महिला के बेटे ने मदरसे में मौलाना से कहा- अम्मी ने आपको सलाम भेजा है...मौलाना बोले-हरामखोरो, आटा खत्म हो गया क्या...? 20 किलो आटा पाँच दिन में ही खा गये...?जो फिर से सलाम भेजा है...!

ये साल का आखिरी महीना है...कोई रह गया हो तो वो अब भी...अपनी औकात दिखा सकता है...बहुत थोड़े से ही दिन बचे हैं अब...!!!

शादीशुदा लोगों के पेट बढ़ने का कारण--पहले दोस्तों के साथ पार्टी करो... और फिर बीवी के डर से, दोबारा खाना खाओ...!!!

दूसरे की गलती निकालने के लिये 'भेजा' चाहिये पर खुद की गलती कबूल करने के लिये 'कलेजा' चाहिये...!

तू इतनी शरारतें करती है, तेरे मम्मी पापा कुछ नहीं कहते-मेरे पूछने पर ये छोटी बच्ची बोली-वो तो इसी बात पर लड़ते रहते हैं-किस पर गई, किस पर गई...!

किसी को मनाने से पहले...ये जरूर देख लेना कि वो आपसे...नाराज़ है या परेशान!

शादी के दो महीने बाद पहली बार चौबे जी अपनी पत्नी जी को घर से दो सौ किलोमीटर दूर उस शहर में लाये जहाँ बैंक में उनकी पोस्टिंग थी!वो बैंक से घर आ कर अखबार पढ़ रहे थे, सामने पत्नी जी किचन में रोटियाँ सेक रहीं थीं! तभी एक दम उनका माथा ठनका कि ये चकलाआवाज़ क्यों नही रहा है! चकले की एक टाँग छोटी थी तो उस पर बेलन चलाते हुए खट खट की आवाज़ होती थी, जब भी मैं खाना बनाता था!आखिर ये चक्कर क्या है, आवाज़ बन्द कैसे हो गई! आश्चर्य से भरे चौबे जी, जब पत्नी के पास पहुँचे तो देखा कि चकले कि तीन बड़ी एक छोटी सभीटाँगे उखाड़ कर निकाली हुईं अलग पड़ी थीं, चौबे जी ने थोड़ा जोर से पूछा-अरे!ये क्या किया? अब पत्नी जी आँखें तरेरतीं हुई बोलीं-एक बात ध्यान से सुन लो, मुझे खटपट बिल्कुल पसन्द नहीं है और मेरातो यही स्टाइल है, चौबे जी की शादी को छत्तीस साल हो गये, पर आज तक फिर उनकी दोबारा खटपट करने की हिम्मत नही हुई!

प्यार कभी भी हो सकता है...क्योंकि बुद्धि भृष्ट होने की तो कोई उम्र ही नहीं होती...!

दादा जी पोते से- सोनू मेरे दाँत लाना!ज़वाब-अभी रोटी नहीं बनी है!अरे...छोड़ रोटी को अभी, दाँत ले आ...पड़ोसन को जबरदस्त स्माईल देनी है..!

जितना अँगूठा/उँगली फोन पर चलते हैं...अगर इतना माला पर चल जाता तो...भगवान ही मिल जाते...!

अगर जल्दबाजी में शादी करके जीवन बिगाड़ लोगे और सोचसमझ करोगे तो कौन सा तीर मार लोगे..??

कितना अकेला हो जाता है वो शख्स, जिसे जानते तो बहुत लोग हैं, पर समझता कोई

नहीं है... यही है आज, सबसे बड़ी विडम्बना

21

मैं सही हूँ, वो गलत है...यही एक सोच ही कीमती रिश्तों को...खत्म कर देती है...! माँ के साथ बीवी की इज़्ज़त भी जरूर कीजिये...क्योंकि माँ ने तुम्हें चन्दामामा दिखाया है...और बीवी ने तारे...!!! सोच कर बाज़ार गया था, अपने कुछ आँसू बेचने...हर खरीददार बोला...अपनों के दिये तोहफे बेचा नहीं करते...!!! वक्त के साथ सब कुछ....भाड़ में ही चला जाता है... पर वक्त को समझ कर चलो तो कम से कम... नाम तो रह जाता है...!!! क्लास के दौरान एक लड़के ने अपना फेसबुक एकाउंट खोला कि मैं खेल में फेसबुक यूज़ कर रहा हूँ!फ़ौरन क्लास के प्रोफेसर जो खुद फेस बुक यूज़ कर रहा था ने कमेंट किया - क्लास से बाहरनिकल जाओ, प्रिंसिपल जो अपने ऑफिस में फेसबुक पर था, प्रोफेसर के कमेंट को लाइक किया! दोस्त जो क्लास के बाहर ही था, ने कमेंट किया - ओए! कैफ़े आजा!माँ ने कमेंट किया - ओ, नालायक कहीं का, क्लास अटेंड नहीं करनी तो सब्ज़ी ले कर घर आ! बाप ने फौरन कमेंट किया -

देख लो अपने बेटे की हरकतें! उसी वक्त गर्लफ्रैंड का फोन आया - धोखेबाज! तूने तो कहा था कि मैं हॉस्पिटल में हूँ, दादी वैंटिलेटर पर आखिरी साँसें गिन रही है, इसलिये मिलने नहीं आ सकता! अंत में खतरनाक कमेंट डिजिटल इंडिया वाली दादी का - तेरे मुहँ में कीड़े पड़ें, हरामखोर, कमीने, अभी मैं जिन्दा हूँ...!!!!

आज दो लोगों ने मेरे पड़ोस में...बिना मारपीट के बातचीत से ही... झगड़ा सुलझा लिया, यार! ऐसे तो हम अपनी सभ्यता व संस्कृति खो बैठेंगें

जिस दिन सादगी श्रंगार हो जायेगी...उसी दिन बस आइने की तो फिर...हार हो जा जायेगी...!

महिलाएँ हथेली पर मेहँदी लगाते वक्त अपने पति का नाम इसलिये लिखती हैं ताकि वो उसकी मुट्ठी में रहे....मुझे भी इस बात का पता अभी अभी कुछ समय पहले ही चला सोचा, समय रहते आपको बता दूँ, कुछ का तो भला हो जाये...!!!

आदमी कचौरी, समोसे, कुलचे भटूरे खा कर बीमार हो जाता है, फिर अस्पताल में बेड पर पर लेट कर रिश्तेदारों के लाये संतरे, सेब खाता है......उसके रिश्तेदार अस्पताल के बाहर खड़े हो कर कचौरी, समोसे कुलचे भटूरे खाते हैं.... यही जीवन चक्र है, बाकी सब मोहमाया है!

अपने काम से काम रखना....दुनिया का सबसे मुश्किल काम है...!

भाई साहब, ये अंडरवियर कितने का है?
..मेरे पूछने पर दुकानदार - चार सौ रुपये का !
इस पर मैनें कहा अरे!पार्टी वियर नहीं, घर
..पहनने के हिसाब का ही दिखाओ...!

सँसार की सभी महिलाएँ, अपने पुत्र को श्रवण बनाना चाहती हैं, पर अपने पति को श्रवण बनते देखना बर्दाश्त नहीं करतीं!

अगर मेरे हाथ में सरकार होती तो मैं देश की तकदीर बदल देता!शराबी पति के ये कहने पर पत्नी - अरे! पाजामा तो बदल ले पहले, कर्मजले बेवड़े, सुबह से मेरी सफेद सलवार पहने घूम रहा है...!

एक गिरगिट ने अपने सुसाइड नोट में लिखा - - "मैं आजकल रँग बदलने में लोगों का मुकाबला नहीं कर पा रहा हूं...!

पत्नी दो प्रकार की होती है, पहली - - जो अपने पति की हर बात मानती है, प्यार से समझाती है, गुस्सा भी करें तो बुरा नहीं मानती, सब के साथ सही व्यवहार करते हुए, हर काम सलीके से करती है!...और दूसरी - - - - जो हम सबके पास है...!

पत्नी - - - शादी से पहले....परी!
शादी के बाद - - - - परिस्थिति!

जब हमें ये पता लगा कि जिन्दगी आखिर है, क्या?......तब तक जिन्दगी आधी हो गई थी!

कोई जलेबी की तरह सीधा है, कोई टेडी खीर है, किसी के मुहँ में घी शक़्कर है, सबकी अपनी अपनी तकदीर है, यही जिन्दगी की तस्वीर है..!

कुछ लोग दिन भर पूछते रहते हैं...और क्या चल रहा है...मैंनें भी बोल दिया...चक्कर चल रहा है... कर लो पता...किससे चल रहा है...हाँ, नहीं तो...!

खूबसूरती दिल और ज़मीर में होनी चाहिए लोग भी बेवजह पता नहीं क्यों, शक्ल और कपड़ों में ढूंढते हैं!..यही बात तो समझनी है

22

आज का रंग - गाइड के संग

दर्द की कीमत क्या है? पूछने पर ये कह दिया मैंने - पता नही, आज के समय में तो सब मुफ़्त दे कर जाते हैं...!!!

जिन्दगी की फ़िल्म का संगीत बस यही समझ लीजिये...जब तक आपकी जेब में...लक्ष्मीकान्त है...तब तक आप सभी के लिये...प्यारेलाल हैं....!!!

ये बहादुरगढ़ है जनाब....आप के शहर का भी यही है हिसाब...काट कर गैरों की टांगे...खुद लगा लेते हैं लोग....शहर आपका हो या मेरा... इस कदर भी...कद बढ़ा लेते हैं लोग....!!!

सदाबहार लोग हमेशा खुश रहते हैं क्योंकि वो सदा बाहर ही होते हैं, घर में रहेंगें तो फिर मगजमारी होगी न....!

सिर्फ मुस्कराते रहिये... फिर दुनिया कंफ्यूज़ रहेगी...न जाने इसको किस...बात का इतना सुख है...जिस पर यूँ इतराता फिरता है...!!!

शादीशुदा लोगों के लिये खुश और
सुखी रहने का राज़...पहले दिल की
सुनो फिर दिमाग की...फिर वही करो
जो आपकी पत्नी कहे...!!!
नारद मुनि जैसी हो गई है जिन्दगी, जैसे वो
घूमते थे तीनों लोकों में, वैसे ही हम घूमते हैं,
फेसबुक से व्हाट्सएप फिर इंस्टाग्राम पर
नारायण! नारायण!!नारायण!!!
आय लव यू...मैसेज भेजने के बाद जब
रिप्लाई ना आये...विदेश में - मे बी शी इज़
नॉट इंटरेस्टेड! पर भारत में...तो क्या मैं
आपकी खामोशी को हाँ समझूँ?....!!!
आप जितने सच्चे होंगे....उतने ही अकेले होंगे,
लोग सत्य जानना चाहते हैं...पर मानना नहीं
चाहते...!!!
नेपोलियन ने कहा था - एक ही दुश्मन से
बार बार ना लड़ें, वरना आप अपने तमाम
युद्ध कौशल उसे सीखा देंगे, पति पत्नी के
सम्बन्धों में भी यही होता है...!!!
शब्दों का महत्व तो बोलने के भाव....से पता
लगता है वरना.... स्वागत तो पायदान पर भी
लिखा होता ....है!!!
एक सिपाही ने मौके से थानेदार को फोन
किया कि यहाँ एक औरत ने अपने पति
को गोली मार दी है, थानेदार के क्यों पूछने
पर उसने बताया कि पत्नी के पोंछे लगाये
फर्श पर चढ़ गया था! थानेदार के ये पूछने
पर कि उस औरत को गिरफ्तार कर लिया
क्या तो सिपाही का ज़वाब था - अभी तक
पोंछा सूखा नहीं है...!

मैं चुनाव लड़ रही हूं, पक्का जीतूंगी!ये सुन सहेली ने पूछा - ये ख्याल कैसे आया आपको! तो ज़वाब मिला - जब भी पति से लड़ाई होती है, मैं ही जीतती हूं...!

जब किस्मत में रोना लिखा हो ना !तो मुस्कान व खुशी नाम की लड़कियाँ भी गम दे जाती हैं...!

रास्ते में एक आदमी ने दूसरे आदमी को रोक कर पूछा - भाई साहब, क्या भाभी जी लेफ्टी हैं, दूसरे ने हैरान हो कर पूछा - हाँ, पर आपको ये कैसे पता चला? तो पहला - क्योंकि आपका दायां गाल सूजा हुआ है...!!!

वक्त तो मेरा भी बदलेगा बस घड़ी में सैल डालने की देर है...!

माई, रोटी दे दो, बहुत भूख लगी है! भिखारी के ये कहने पर महिला - अभी बनी नहीं, थोड़ी देर में आ जाना! तो भिखारी - ये मेरा नम्बर रख लो, मिस कॉल कर देना, मैं आ कर ले जाऊँगा! इस पर उस महिला का कितना बढ़िया ज़वाब - मिस कॉल क्या करनी, जब बन जायेगी, व्हाट्सएप पर डाल दूँगी! वहाँ से डाउनलोड कर के निकाल लेना!

ये चोट कैसे लगी, बेटा!अंकल के पूछने पर मैनें कहा - बाइक से गिर गया था! तो वे बोले - कोई दवा दारू ली क्या? तो मैं बोला - गिरने से पहले ली थी, अंकल....!

किसी को परेशान देख कर अगर आपको तकलीफ होती है तो यकीन मानिये, ईश्वर ने आपको इन्सान बना कर कोई गलती नहीं की है...!

माँ, मेरी उँगली कट गई, क्या लगाऊँ? बेटी के ये कहने पर माँ - व्हाट्सएप पर स्टेटस लगा, स्टेटस!

राजनीति एक ऐसा खेल हैं...जिसे चतुर खेलते हैं और मूर्ख... दिन भर चर्चा करके, अपनों से ही....सम्बन्ध खराब करते हैं...!

अकेले रहने में और अकेले होने में...बड़ा फर्क होता है...इसे जितना जल्दी हो सके, समझ लो नहीं तो फिर...बेड़ा गर्क होता है...!!!

राजा बोला - रात है, रानी बोली - रात है, मन्त्री भी बोला - रात है, संतरी भी बोल उठा - रात है, अन्य दरबारी बोले - रात है...यह सुबह सुबह की बात है!

जो हमारी बात से सहमत होते हैं, उनसे हमें सकून मिलता है लेकिन विकास तो उन्हीं से मिलता है जो हमारी आलोचना करते हैं, जीवन में स्पष्टवादी होना, हमेशा झूठा होने से बेहतर होता है!...सच्ची बात

23

बदलना हो जिन्हें वो...बदल ही जाते हैं
हर कोई...जनवरी का मोहताज़ नहीं होता।
आखिर अब वो समय आ ही गया जब
हमें सुबह उठते ही जिन्दगी का सबसे
बड़ा मुश्किल फैसला करना ही हैं, कि
आज नहाना चाहिये या नहीं...!!!
50 वर्ष की उम्र के बाद भी पूरे बाल काले
रहने का रहस्य - रोज़ एक घँटे पैदल चलना,
बीस मिनट शीर्षासन करना, बीस मिनट ही
प्राणायाम और योगासन, रोज़ हरे पत्ते वाली
सब्ज़ियां व गाज़र खाना और हर पन्द्रह दिन
में एक बार हेयर डाई जरूर करना...!!!
हमने मंगल और शनि की खोज की है
इस पर 147 बिलियन डॉलर का खर्च
आया है, एक अमेरिकन के ये कहने पर
भारतीय बोला - हमारे यह 101 रुपये में
इन दोनों ग्रहों की दिशा ही बदल देते हैं!
एक दिन चित्रगुप्त ने ब्रहमा जी से प्रार्थना की -
की - - प्रभु ये करवा चौथ के व्रत से सात जन्म
तक एक ही पति मिलने वाली योजना बन्द
ही कर दी जाये, ब्रहमा जी के क्यों पूछने पर

चित्रगुप्त - प्रभु मैनेज करना मुश्किल होता जा रहा है...औरत सातों जन्म वही पति मांगती है लेकिन पुरुष हर बार दूसरी औरत माँगता है...बहुत दिक्कत हो रही है समझाने में!इस पर ब्रह्मा जी बोले - लेकिन यह स्कीम आदि काल से चली आ रही है इसे बन्द नहीं किया जा सकता तभी नारद मुनि आ गये - उन्होंने सुझाव दिया कि जो भी औरत सातों जन्म वही पति डिमांड करे...उसे दे दो...लेकिन शर्त ये लगा दो कि यदि पति वही चाहिये... तो सास भी वही मिलेगी....!!!

उम्र के उस पड़ाव पर पहुँच गये हैं कि गणेश जी से कितनी ही बुद्धि मांगो... ...देंगें वो तोंद ही...!!!

यमलोक के दरवाजे पर जब दस्तक हुई तो उन्होनें दरवाज़ा खोला, बाहर झांका तो एक मानव को सामने खड़ा पाया, वो कुछ बोलने लगे तो वह गायब हो गया, यमराज चोंके और फिर फाटक बन्द कर लिया, तत्काल फिर एक दस्तक हुई, दरवाजा खोला फिर उसी मानव को मौजूद पाया, लेकिन वो फिर गायब हो गया, ऐसा तीन चार बार हुआ तो यमराज धीरज खो बैठे, अबकी बार उसे पकड़ ही लिया और पूछा - क्या बात है भाई, ये आना जाना लगा रखा है, मुझसे पंगा ले रहे हो?मानव ने ज़वाब दिया - अरे! नहीं महाराज, दरअसल मैं वेंटिलेटर पर हूँ ...और ये डॉक्टर बिल बढ़ाने के चक्कर में मुझे बार बार बचा ले रहे हैं...!!!

आज रिश्ते हैं सब बीड़ी की तरह
कश न मारो तो बुझने लगते हैं...!!!

पण्डित जी, किसी सुन्दर लड़की का हाथ पाने के लिये क्या करें?ज़वाब मिला - किसी मॉल के बाहर मेहँदी लगाने का काम शुरू कर लें!"

नखरे तो शादी से पहले होते हैं, साहब! शादी के बाद तो लौकी की सब्ज़ी खा कर ये कहना पड़ता है, तुम्हारे हाथ में जादू है, जानू...!!!

तुम इस ऑफिस में कब से काम कर रहे हो? मेरे ये पूछने पर उसका कहना था - जब से बॉस ने नौकरी से निकालने की धमकी दी है...!

प्यार की कोई उम्र नहीं होती, इस बात को आजकल के बच्चों ने कुछ ज्यादा ही सीरियसली ले लिया है...!

जब मैं बारह साल का था तब...21 साल के लड़कों लड़कों की गर्ल फ्रेंड थीं...अब जब मैं 21साल का हो गया तो....12 साल के लड़कों की गर्ल फ्रेंड हैं!

कल शाम को तो मैं हैरान ही हो गया, मेरे पड़ोस में 12 साल की लड़की किसी को कॉल पर बोल रही थी - तुम न बच्चों जैसी बात मत किया करो, बेबी...!

मेरे पास कार, कोठी, बंगला, दो मिल, लाखों का बैंक बैलेंस हैं, तुम्हारे पास क्या है? - लड़के ने लड़की पर रौब झाड़ते हुए कहा!

लड़की शान्त स्वर में बोल कर आगे बढ़ गई - मेरे पास तुम्हारे जैसे चार और हैं...!!!

हमेशा तैयारी के साथ रहना साहब, मौसम और इन्सान, कब बदल जाये, कोई भरोसा नहीं...!

पापा ने कह दिया है, अगर तू फेल हो गई, तो तेरी शादी कर देंगे बस!सहेली के ये

बताने पर दूसरी ने पूछा - फिर तू, अब तैयारी
कर रही है न! तो ज़वाब - हाँ, बस कुछ तो हो
गई, रिसेप्शन की ड्रेस देखनी बाकी है...!
जो चीज़ें हमें चैलेंज करती हैं...वही हमें
चेंज भी करती हैं...!!!
तू क्या जाने बेदर्द...उस तकलीफ को... जब
तू Hi...लिख कर ऑफलाइन हो जाती हो...!
जिन्दगी का, जिन्दगी से वास्ता जिन्दा रहे
हम रहें जब तक, हमारा हौंसला जिन्दा रहे

24

यदि कोई आपसे मन की बात साँझा करे
तो अन्धा कुआँ बनना, समाचार पत्र नहीं!
तड़पने के लिये जरूरी नहीं कि प्यार
ही किया जाये...आप गरम तेल में भी
हाथ डाल सकते हैं...!!!
हम भारतीय आसानी से किसी पर भरोसा
नहीं करते, सोते हुए व्यक्ति से भी पूछ लेते
हैं - सो रहे हो क्या....?
हम तो जिन्दगी के उस मुकाम पर हैं
कि पहाड़ों की हसीन वादियों में जोर
से आवाज़ लगायें - जिन्दगी...तो वापस
यही सुनाई देता है - झंड है, झंड है, झंड है!
सेठ जी एक आदमी को जोर जोर से पीट
रहे थे, लोगों ने पूछा - क्या हुआ? तो सेठ जी
बोले - अरे! दो साल से उल्लू बना रहा है ये,
जब भी पैसे मांगो, तब कहता है कि पत्नी
हॉस्पिटल में है और मुझे आज पता चला
कि इसकी पत्नी नर्स है...!!!
पति वह प्राणी है जो भूत प्रेत से बेशक
न डरे, पर पत्नी की चार मिस्ड कॉल ही
खौफ़ पैदा करने के लिये काफी है...!

इससे पहले कि वो एक्सक्यूज़ मी भैया
कहती, मैनें बहन जी जरा साइड बोल कर
दिल टूटने से बचा लिया...!
लोग बहुत अच्छे होते हैं, अगर हमारा
वक्त अच्छा हो तो....!!!
आग लगी थी मेरे घर में, सब जानने वाले
आये, हाल पूछा और चले गए!एक सच्चे
दोस्त ने पूछा - क्या क्या बचा है...? मैंने
कहा - कुछ नहीं, सिर्फ मैं बच गया हूँ!
उसने गले लगा कर कहा - तो फिर जला
ही क्या है....!
जिन्दगी में कोई दूसरी है तो स्पष्ट बोलो -
पत्नी के ये कहने पर पति ने कहा - स्पष्ट..!
सोशल डिस्टेंसिंग का अर्थ है - काम निकल
जाने पर दूरी बना लेना...!अब फिर यही
सुनने को मिलने वाला है...!!!
वाहन चलाते समय सौंदर्य दर्शन न करें
वरना देव दर्शन हो सकते हैं!सावधानी
हटी, हलवा पूड़ी बटीं...!
शादीशुदा लाइफ का मज़ा ही अलग है...
खाने को मिले या न मिले.....सुनने को
भरपूर, बेशुमार मिल जाता है...!
उधर जा कर मर...को ही अंग्रेजी
में सोशल डिस्टेंसिंग कहते है...!
पिता जी ने सिखाया था कि.....सत्य
परेशान हो सकता है, पराजित नहीं!!
मगर जब बीवी ने सब्ज़ी परोस कर
पूछा.....कैसी बनी??? उस समय...
सत्य परेशान भी हुआ और पराजित भी..!
ऐसी जगह जहाँ काफी लोग हों....फिर

भी अकेला महसूस करें - - एग्जाम हाल!
बुरा वक्त तो आज न कल गुज़र ही जाता है............बस वही नहीं गुजरते, जिनकी वजह से ये बुरा वक्त आता है....!
आज बार बार मास्क ही सामने आ रहा है ये कहता हुआ - बचना ऐ दीवानों मैं फिर आ गया...!!!
पापा, मेरी मैडम कितनी मस्त है न!बेटे ने ये कहा तो पापा - बेटा, मैडम तो माँ समान होती है, ऐसे कभी नहीं कहते! इस पर अब बेटा - आपको तो बस हमेशा अपनी ही खुशी दिखाई देती है...!
घुट घुट के जीने से अच्छा है....दो घूँट मार के जी लो...!
आपके कर्म ही आपकी पहचान हैं, वरना एक नाम के तो हजारों इन्सान हैं...!
बहुत दिनों की कड़ी मेहनत के बाद आज उसका रिप्लाई आया - दुबारा मैसेज किया तो मुहँ तोड़ दूँगी तुम्हारा....!!!
सब लोग दिल के बुरे नहीं होते, कुछ का दिमाग भी खराब होता है...!
इस सृष्टि में ऐसी कोई सम्पति नहीं है जो मन की शान्ति से बड़ी हो...!
कैसे हो यार? उसके पूछने पर मैनें कहा - ठीक हूँ! तो वो बोला - कुछ पैसों की जरूरत है तो मैंने कहा - कोई दे रहा हो तो मुझे बता देना, मेरा भी काम चल जायेगा....!!!
सही वक्त पर पिये गये कड़वे घूँट, अक्सर जिन्दगी मीठी कर दिया करते हैं!...सही बात

25

मौसम के बदलने पर, मैं क्यों करूँ गिला,
क्या लोगों के बदलने का, रुका सिलसिला?
मैं हार्डवेयर था, हार्डवेयर ही रह गया,
तुम सॉफ्टवेयर थी, अपडेट होती गईं !
मेडिकल की दवा और मुहब्बत की हवा,
इन्सान की तो तबीयत ही बदल देती है!
साहब, आपका कोई क्लासमेट मिलने
आया है - नौकर के ये कहने पर साहब
बोले - तुझे कैसे पता कि मेरा क्लासमेट
है? तो ज़वाब - जी उसने पूछा ढक्कन
घर पर है क्या...?
कुछ लोग तो इतने भयँकर कुआँरे होते हैं
कि ताश खेलते वक्त भी बेगम नहीं आती!
तुम भी गर्दन उठा कर जी सकते हो
दुनिया में....बस एक दिन मोबाइल
घर पर ही भूल जाना...!
कुँआरे का दर्द - ताजमहल बनाना है, पर
मुमताज़ मिलती नहीं.....शादीशुदा की
व्यथा - ताजमहल बनाना है, पर मुमताज़
मरती नहीं...!
सबसे ज्यादा बेइज्जती तब भी होती

है, जब आप भीड़ से भरी दुकान पर कुछ ले रहे हों और बच्चे जोर से बोल दें - पापा ये मत लो, मम्मी डाँटेगीं...!!!

अध्यापिका ने क्लास में पूछा - धृतराष्ट्र के सौ बच्चे व पाण्डु के पाँच, ऐसा क्यों?तो ज़वाब मिला - जिसकी आँखें होती है, उन्हें और भी काम होते हैं...!

अच्छा हुआ...हमारे स्कूल टाइम में स्मार्ट फोन नहीं थे...नहीं तो इधर मास्टर जी कूटते...उधर वीडियो वायरल...!!!

क्या सबूत है जब एक्सीडेंट हुआ तब तुम कार तेज़ नहीं चला रहे थे, जज के पूछने पर कार चालक बोला - मैं अपनी पत्नी को लेने ससुराल जा रहा था!ये सुन जज बोले - अरे! छोड़ दो इस मासूम को, ऐसे समय में तो कोई भी गाड़ी तेज़ नहीं चला सकता...!

जोड़ों का दर्द क्या है???इसे सिर्फ जोड़े ही जानते हैं...कुआँरों को इसका जरा भी ज्ञान नहीं...!!!

लड़की वालों ने हरियाणवी ददु से पूछा - आप के कितने लड़के हैं! वो बोले - चार!फिर क्या करते हैं, पूछने पर बोले - चारों डॉक्टर हैं!तो लड़की वाले बोले - चारों डॉक्टर हैं, ये बात तो कुछ हज़म नहीं हो रही!तो ददु बोले - जब भी उनसे कुछ भी क्यों न बोलूं वो यही कहते हैं - तने के बीमारी से!!!

एक ज़माना था लडकियाँ जवाँ होते ही सफेद घोड़े पर राजकुमार की कल्पना किया करती थीं...आजकल तो बी एम डब्ल्यू में गधा भी आ जाये तो चलता है!

ननकू के पास रात को सांताक्लॉज आया और बोला - कोई wish मांगो तो वो बोला - मेरी बीवी झगड़ा बहुत करती है।सांताक्लॉज ने फिर ननकू को बहुत मारा!फिर पता चला, ननकू की बीवी ही सांताक्लॉज बन कर आई थी...सावधान रहें और सतर्क भी....बस खुद के ही त्यौहार मनायें...!!!

पापा, एक लड़का मुझे बहुत तँग करता बेटी के ये कहने पर पापा - क्या सज़ा दूँ उसे, तो बेटी बोली - मेरी शादी करा दो उससे! तो पापा बोले - सज़ा देने में तो बिल्कुल अपनी माँ पर गई है तू...!!!

एक कुँआरे की उम्र अड़तीस पार कर गई बहुत कोशिश करने पर भी बात नहीं बन रही थी, एक दिन वो दोस्तों के साथ अपने घर में महफ़िल जमाये हुए था, तभी एक बिल्ली उसके घर में घुसी तो एक दोस्त भगाने दौड़ा तो वो बोला - मत भगाओ, इस बिल्ली को, ये मेरी किस्मत के पाये हैं, बहुत दिन बाद इस घर में जनाना कदम आये हैं!

न्यूटन की गति के नियमों में एक और नियम जुड़ गया है - लूज़ मोशन कभी भी हो, फ़ास्ट मोशन में ही होता है...!

एक रात चोर मोनू के घर में घुस आया और पिस्तौल तान कर बोला - बता सोना कहाँ हैं? तो वो बोला - अरे! कमअक्ल, इतनी सी बात के लिये पिस्तौल दिखाने की क्या जरूरत थी, पूरा घर खाली पड़ा है, जहाँ मर्ज़ी सो जा!

जिनके पास अपने हैं न!...वो अपनों से झगड़ते हैं...जिनका कोई नहीं अपना...वो बेचारे तो अपनों को तरसते हैं....!!!

लोग अक्सर कहते हैं, त्यौहार अब फीके हो गये,
परन्तु बुजुर्ग सज्जन कहते हैं, त्यौहार नहीं, अब
व्यवहार फीके हो गये....!
कोई सुलह करा दे...जिन्दगी की उलझनों
से...बड़ी तलब लगी है...आज मुस्कराने की!
खुशियों को नादानियों में ही ढूंढिये ज़नाब...वरना
समझदारी में तो...हर कोई बिखरा पड़ा है....!
सबसे मूल्यवान चीज़ जो आप कर सकते
हो...वो है गलती करना...आप परफेक्ट हो
कर कुछ नहीं सीख सकते!...वाह! क्या बात

26

अजब तमाशा है...न जाने कैसी मिट्टी से बने इन लोगों का यारो...बेवफ़ाई करो तो रोते हैं और....वफ़ा करो तो रुलाते हैं...!!!
दोस्ती इतनी गहरी होनी चाहिये कि ये ही पता न चले...किसने...किस को...बिगाड़ा!
अपने हिसाब से जियो, लोगों की सोच का क्या?...वो तो परिस्थिति के हिसाब से ही बदलती रहती है, अगर चाय में मक्खी गिरे तो चाय को फेंक देते हैं और अगर देसी घी में गिरे तो, मक्खी को फेंक देते हैं...!!!
ठाकुर साहब के यहाँ मेहमान आये तो वे अंदर से बंदूक निकाल कर लाये और हवा में ही दो गोलियाँ चला दीं, मेहमान भौंचक्का सा देखता रहा फिर पूछा - भाई साहब ये दो गोलियाँ क्यों चलाई तो ठाकुर जी मूंछों पर ताव देते बोले - चाय वाले को दो चाय बोली हैं!
दामाद अच्छा है...क्योंकि बेटी को खुश रखता है, बेटा बुरा है...क्योंकि बहू को खुश रखता है!
शादी से पहले मेरा दोस्त स्टेटस डाला करता था शेर का कोई ठिकाना नहीं, अभी विडियो काल की तो भाभी जी ने उठाया, मैनें पूछा -

शेर कहाँ है, बोलीं - लहसुन छील रहा है...!!! ऑफिस में लंच के दौरान जरूर योग के महत्व पर चर्चा होती थी! जो कुलीग रोज़ योग करते थे, उनकी सेहत, जोश, सक्रियता देख कर चौबे जी के मन में उमंग उठी कि वो भी कल से ही सुबह जल्दी उठ कर उस सभागार में जायेंगे जहां हरीश जी व गुरमीत जी प्रतिदिन योग सिखाते हैं!चौबे जी तो एक नई शुरुआत करने की उत्कट आशा, अभिलाषा लिये रात को जल्दी सो गये, सुबह पाँच बजे ही उनकी नींद खुल गई, वो ट्रैक सूट पहन योगा चटाई ले, एकदम बिल्कुल तैयार हो निकलने को ही थे कि उनकी पत्नी जी की नींद खुल ही गई तो चौबे जी ने फिर पूछ ही लिया प्रिय, क्या तुम मेरे साथ योगा के लिये चलना पसन्द करोगी?तो वो बोलीं - तुम क्या कहना चाहते हो, मैं मोटी हो गईं हूं!चौबे जी बोले - कोई बात नहीं, इच्छा नहीं है, तो मत चलो! इस पर वो बोलीं - तो क्या मतलब मैं आलसी हूं!बेचारे चौबे जी बोले - अरे! तुम गुस्सा क्यों कर रही हो?तो वो बोल उठीं - मतलब मैं हमेशा झगड़ती हूं!सकपकाये चौबे जी बोल उठे - अरे! मैनें ऐसा कब बोला! अब फिर वो बोलीं - मतलब कि मैं झूठी हूं!अब चौबे जी ने कह ही डाला - अच्छा, बाबा मैं नहीं जा रहा, अब!अब वो भी कहाँ पीछे रहतीं, बोलीं - मैं सब समझती हूं, दरअसल तुम तो जाना ही नहीं चाहते थे!अब ट्रैक सूट उतार, वाश रूम जा रहे चौबे जी का, तो एक नई शुरुआत का सारा नशा ही हिरन हो चुका था, उन्हें तो अब बस यही चिन्ता थी, ऑफिस में उन कुलीग को क्या ज़वाब दूँगा, जिन्हें आज योगा क्लास में मिलने का वादा किया था!चौबे जी बेचारे छब्बे क्या बनते वो तो दुबे भी न रहे! अब तो आप भी ये बात मानेंगे ही - जब तक बीवी

सँग है, जिन्दगी एक जँग है...!
बस में धक्के, मैच में छक्के, लड़ाई में मुक्के और पेपर में तुक्के हरियाणा आले घणे ठाढे मार दिया करें...!!!
महिलाओं से छेड़छाड़ की पहली शिकायत मीना कुमारी ने की थी...इन्हीं लोगों ने ले लीना दुपट्टा मेरा...वो तीन गवाह भी साथ लाई थी...हमरी न मानो बज्जवा से पूछो, हमरी न रंगरेजवा से पूछो, हमरी न मानो सिपहिया से पूछो... तब समय पर कठोर कार्यवाही की होती...तो ऐसी घटनाओं पर अंकुश लग जाता...!!!
बस अब फिर वही मास्क, दो ग़ज़ की दूरी
तेरी मेरी मुलाकात फिर रह जायेगी अधूरी
रात के तीन बजे थे, खटके से औरत की आँख खुली, देखा तो पिस्तौल ताने चार डाकू मौजूद थे, उस औरत के पति को उन्होंने बाँध दिया था, बच्चों को ड्राइंगरूम में बन्द कर दिया था!तमाम अलमारियों की तलाशी के बाद अच्छी खासी नकदी व जेवरात मिले फिर एक डाकू बोला - अमेरिका से सवा लाख का आई फोन जो तेरे भाई ने भेजा था वो कहाँ है और सालगिरह पर तेरे पति ने जो हीरों का हार गिफ्ट किया वो भी फटाफट निकाल वरना गोली मार दूँगा!औरत ने डर के मारे सारा सामान निकाल दिया फिर हैरत से पूछा - लेकिन भाई, आपको ये सब कैसे पता? तो वे बोले - अरे! हम तुम्हारे फेसबुक फ्रेंड हैं...तुम्हीं ने तो बताया था!अच्छा, तुमने सुबह काजू, पिस्ते, बादाम वाला हलवा बनाया था, बचा हो तो वो भी खिलाओ..!!
मेरी गलतियाँ तो मशहूर हैं ज़माने भर में
फिक्र वो करें, जिनके गुनाह अभी पर्दे में हैं!
न बेटा देखभाल करेगा, न बेटी निहाल करेगी, बीवी से बना कर रखो, बुढ़ापे में वही सेवा करेगी, मेरी बीवी

मेरी शान, मेरी हस्ती, उसी ने लिखवाया है, जबरदस्ती!
चाहे कितना भी बड़ा घर हो...अगर कूलर और
फ्रिज के ऊपर सामान नहीं रखा तो आप अच्छे
व सच्चे भारतीय नहीं हैं...!!!
पति ने नई कार खरीदी और सोचा कि बीवी को एक
सरप्राइज दिया जाये, घर में पहुंचते ही बीवी को जोर
से आवाज़ देते हुए बोला...डार्लिंग, तुम्हारा इतने सालों
का सपना आज पूरा हो गया...बीवी दौड़ती हुई किचन
से बाहर आई और चिल्लाई - हाय, हाय!सासू माँ को क्या
हो गया, सुबह तो अच्छी खासी थीं...!!!
ज़ख्म के लिये तैयार हो जा ऐ दिल....
कुछ लोग प्यार से पेश आ रहे हैं...!!!
कहते हैं वक्त सब कुछ सिखा देता है...फिर ये
वक्त....मुझें अंग्रेजी क्यों नहीं सीखा पाया...आज
कॉलेज छोड़ने के... बीस साल बाद भी अंग्रेजी में
मेरा हाथ...तँग है...!!!
कभी कभी आप बिना कुछ गलत किये भी बुरे
बन जाते हैं क्योंकि जैसा लोग चाहते थे, आप वैसे
नहीं करते!...वास्तव में, यही विडम्बना सबके साथ!

27

मन एक ऐसी ज़मीन है...जहाँ आप जैसी मानसिकता के बीज बोओगे...वहाँ वैसा ही पौधा और फल निकलेगा...!

वायरस लायेंगे पासपोर्ट वाले...और सज़ा भोगेंगे पैनकार्ड वाले और...मज़ा करेंगे राशनकार्ड वाले...!!!

जो व्यक्ति हँस हँस के अपनी बैंड बजवाता है, उसे ही हसबैंड कहा जाता है...!!!

अपनी बीवी को इतना प्यार कीजिये... कि पड़ोस वाली भी देख कर सोचे... काश!मैं इसकी बीवी होती...!!!

प्यार करने वालों की आधी जिन्दगी तो एक दूसरे को ब्लॉक और अनब्लॉक करने में ही निकल जाती है...!

जरूरी नहीं कि हर रिश्ता खून का हो, कुछ रिश्ते खून चूसने के लिये भी होते हैं...!

चौबे जी की कामवाली बाई 15 दिन से नहीं आ रही थी...हर दिन बर्तन धोने से चौबे जी बेहाल हो गये थे, आजू बाजू वालों को बोल के रखा था, कोई बाई हो तो भेजना...हालत खराब है...फिर एक दिन....बर्तन मांज कर चौबे जी सुस्ता ही रहे

थे कि दरवाजे की घँटी बजी...देखा कि पड़ोसन एक बाई के साथ खड़ी है...चौबे जी ने आदर सहित अन्दर बुलाया...चौबे जी डाइनिंग रूम में बैठ गये व पड़ोसन बाई को ले कर चौबाइन जी के साथ रसोई में चली गईं...पड़ोसन के प्रति कृतज्ञता के बोध से चौबे जी की आँखे भर आईं, वो यकीन नहीं कर पा रहे थे, आज के युग में ऐसे लोग भी है, जो दूसरों की तकलीफ समझते हों! खैर, थोड़ी देर बाद तीनों बाहर आये और पड़ोसन बाई को ले कर अपने घर चली गई...शायद काम दिखाने और मिल वाने लाई होगी या पैसे वैसे का फाइनल कराने आई होगी!इसी उधेड़बुन में चौबे जी ने पूछा - ये कब से आयेगी ? कितने पैसे माँग रही है, तो चौबाइन तो आँखे तरेर कर ही बोलीं - कौन कब से आ रही है, काहे के पैसे? चौबे जी ने कहा - अरे भाई, बाई कब से आयेगी काम पर व कितने पैसे में फाइनल किया? ज़वाब सुन कर तो जैसे चौबे जी पर वज्रपात ही हो गया!...वो इतरा कर बोलीं - ओ हैलो!!!कोई बाई वाई नहीं आ रही, उसे तो पड़ोसन ये दिखाने लाई थी कि बर्तन ऐसे ही साफ़ माँजने हैं....!!

बहुत पापड़ बेलने होते हैं, जिन्दगी में...पर हम तो रेडीमेड ही ले लेते हैं, कौन लफड़ा पाले...!

एक आदमी बहुत देर से खड़े खड़े चाबी से अपना कान खुजा रहा था, तभी वो जो उसे बड़े गौर से देख रहा था, पास आ कर बोला - आप स्टार्ट नहीं हो रहे हो, तो धक्का लगाऊँ...!

जिस प्रकार पाप का घड़ा भरते ही मृत्यु हो जाती है...उसी प्रकार खुशियों का घड़ा भरते ही शादी हो जाती है...!

हमारी शादी हुए, पच्चीस साल का समय कैसे

गुजर गया, पता ही नहीं चला! पत्नी जी के ये कहने पर मैनें कहा - मैडम, समय का पता, कैदी को लगता है, जेलर को नहीं...!

यार तेरी जोड़ी तो राम सीता की जोड़ी है तो मैनें उसे कहा तो उसका ज़वाब था - कहाँ यार...!न तो ये धरती में समाती है और न ही कोई रावण उठा कर ले जाता है!

कितने भी गौर से इस पाँच सौ के नोट को देख लो, लाला जी, इस की गाँधी जी की फोटो, में कैटरीना नहीं दिखेगी...!

महिलायें सारा दिन यू ट्यूब पर कितने ही पकवानों की रेसिपी देखती रहें, पर शाम को बनायेंगी तो दाल चावल या घीया सब्ज़ी चपाती ही...!

बेटा, अगर सच्चे दिल से प्रार्थना की जाये तो तो, वो अवश्य सफल होती है, प्रिंसीपल के ये कहने पर छात्र - रहने दो सर, अगर ऐसा होता तो आप मेरे सर नहीं, ससुर होते...!

ये जरूरी तो नहीं, हर रिश्ता बेवफाई से ही खत्म हो, कुछ रिश्ते बीवी के हाथ मोबाइल लग जाने से भी होते हैं...!

मैंने आज 80 लाख का बीमा कराया है! पति के ये कहने पर पत्नी बोली - चलो, ये तो अच्छा किया आपने, अब बार बार ये भी नहीं कहना पड़ेगा कि अपना ध्यान रखो...!

धूप में बाप, चूल्हे में माँ जलती हैं, तब कहीं जा कर औलाद पलती है...!

वो अपने घर के बाथरूम में कपड़े धो रहा था, अचानक उसका दोस्त आ धमका और बोला - तुमने तो काम वाली बाई रख रखी है, फिर क्यों,

कपड़े धो रहे हो तो उसका ज़वाब था - मैनें उसके साथ शादी कर ली है यार...!!!

अच्छे कर्म करो...फल का क्या है! बाजार से ले लेना!

गर्ल फ्रेंड लड़के से - तुम कहाँ पैदा हुए थे? तो वो बोला - तिरुवनंतपुरम!गर्लफ्रेंड बोली - इसकी स्पेलिंग बताओ? तो लड़का काफी देर सोचने के बाद बोला - शायद गोआ में पैदा हुआ था!!!

खुशियाँ उतनी ही अच्छी...जितनी मुट्ठियों में समा जायें! छलकती, बिखरती खुशियों को... अक्सर नज़र लग जाया करती हैं...सही बात!

28

मौन रहना एक साधना है, हर किसी के बस की बात नहीं...सोच समझ कर बोलना एक कला...पर सोच, बोलने के बाद ही आती है!

कृपया मेरे लिये आवाज़ उठाइये ना...मेरे ऊपर मेरे घर वालों द्वारा...नहाने का बहुत दबाव बनाया जा रहा है...जबकि मैं पिछले हफ्ते ही नहाया था...!!!

मेरा दोस्त बोला - मैनें दारू तो उस रात ही छोड़ दी थी, जिस रात मैनें मोबाइल की लाइट जला कर, दो घँटे तक मोबाइल ढूंढा था...!

गलतियाँ गिनाते गिनाते दूसरों की...जब उँगली उठती खुद की तरफ...ऐसा करके न जाने कितनी बार...खुद को ही भरमाते रहते हैं लोग...!

मैं सामने की दीवार पर लिखी इबारत ध्यान से पढ़ी...तो लगा इस बार भी मार्च अप्रैल में कई पुरुषों की कुण्डली में बर्तन मांजने का योग है!

पहले बीबीसी सुनने का चलन था...वो तो टी वी मोबाइल ने ले लिया...अब बीबीसे... सुनने का चलन आ गया...सच में...समय कितना बदल गया है रे...!!!

मैं तो जब भी अपने दोस्तों को ऑनलाइन देखता हूँ...दिल को बहुत सकून मिलता है कि मैं अकेला ही...फुर्सत में नहीं बैठा हूँ, कामधन्धा तो...इनके पास भी नहीं है..!

बन्द करो ना!शादी के बाद, लड़कियों के सरनेम बदलने की प्रथा....स्कूल, कॉलेज में साथ पढ़ने वालियों को फेसबुक पर खोजने में बहुत तकलीफ होती है...!

अगर पप्पू पास हो सकता है...मुन्नी बदनाम हो सकती है...शीला जवान हो सकती है, सात खून माफ हो सकते हैं...अनारकली भी डिस्को जा सकती है तो...क्या मैं उसे शादी की मुबारकबाद कुछ दिन बाद भी... नहीं दे सकता ...????

तू सारा साल पढ़ता नहीं है पर जैसे ही एग्जाम पास आते हैं, तू किताबों में खो जाता है, माँ के ये कहने पर बेटा - क्योंकि लहरों की शान्ति सभी को पसन्द होती है लेकिन तूफानों में नाव चलाने का तो मज़ा ही कुछ और हैं...!

यार मेरी पर्सनेलिटी के हिसाब से मुझे क्या करना चाहिये....उसने जब मुझ से ये पूछा तो मैनें कहा - जा, भाग कर दो कप चाय ले आ...!

ईश्वर भी अब तथास्तु कहने से डरने लगे हैं...क्योंकि आज का इन्सान, एक फूल चढ़ा कर पूरा गुलशन माँगते हैं...!

एक सिद्ध महात्मा अपने एक परम शिष्य पर बहुत प्रसन्न हुए तो बोले - कोई एक मन्नत मांगो, जरूर पूरी होगी!तो वो बोला - मुझे शादीशुदा से कुआँरा बना दीजिये, इस पर महात्मा बोले - मैंने मन्नत माँगने को कह

था, जन्नत नहीं...!
शराब के बार के पास एक छोटा सा तालाब था, वहाँ एक बूढ़ा बारिश में धागा बंधी डंडी हाथ मे लिये मछली पकड़ रहा था, बार के पास खड़ा एक आदमी जो काफी देर से देख रहा था उसे दया आ गई बोला - - बाबा, मैं विहस्की पीने बार में जा रहा हूं, तुम भी आओ, एक पैग ले लो, वो साथ चला गया और पीते पीते उस आदमी ने बाबा से पूछा - हाँ, तो बाबा आज कितनी मछलियाँ फँसी तो ज़वाब - तुम आठवीं मछली हो बेटा...!
घर बैठे बैठे पति पत्नी दोनों बोर हो रहे थे, पत्नी बोली - चलो छुपम छुपाई खेलते हैं, पहले मैं छुपती हूं, तुमने मुझे ढूंढ लिया तो शॉपिंग पर चलेंगे!अब पत्नी बेचारी दो दिन से पति को ढूंढ रही है..!
माँ ने घबरा कर बेटे को ऑफिस में फोन किया - बेटा, बहु को पैरालिसिस का अटैक आया है - मुहँ टेढ़ा, आँखें ऊपर, गर्दन घूमी हुई, बदहवास सी!ये सुन बेटा बोला - तू घबरा मत माँ, वो सेल्फी ले रही है..!
एक राजा था, उसने एक सर्वे करने की सोची कि मेरे राज्य के लोगों की घर गृहस्थी पति से चलती है या पत्नी से....? उसने एक इनाम रखा - जिसके घर में पति का हुक्म चलता हो, उसे मनपसंद घोड़ा इनाम में मिलेगा और जिसके घर में पत्नी की चलती हो वो अनार ले जाये...एक के बाद एक अनार ले कर जाने लगे, राजा को चिन्ता होने लगी...क्या मेरे राज्य के सभी घरों में पत्नी का हुक्म चलता है...इतने में एक

मोटा तगड़ा, लम्बी लम्बी मूंछों वाला जवान आया और बोला - राजा जी, मेरे घर में मेरा ही हुक्म चलता है, घोड़ा मुझे ही दे दीजिये! राजा खुश हो गये और कहा - अपना मनपसन्द घोड़ा ले जाओ..वो जवान काला घोड़ा ले कर रवाना हो गया! राजा खुश कि चलो एक घर तो मिला, जहां पर आदमी की चलती है! थोड़ी देर बाद ही जवान तो वापिस ही आ गया और बोला - मेरी घरवाली कह रही है, काला रँग अशुभ होता है, सफेद शान्ति का प्रतीक, इस लिये मुझे सफेद रँग का घोड़ा दे दीजिये तो राजा बोले - घोडा रख और अनार ले कर चलता बन! इसी तरह आधी रात हो गई...दरबार खाली हो गया...लोग अनार ले कर चले गये...तभी महामंत्री ने दरवाज़ा खटखटाया.....राजा बोले - कहो, कैसे आना हुआ??तब महामंत्री बोले - आपने घोड़ा और अनार इनाम में रखा इसकी जगह एक मन अनाज या सोना आदि रखा होता तो लोग कुछ दिन खा लेते या जेवर बनवा लेते तो राजा बोले - चाहता तो मैं भी यही था पर महारानी ने जो कहा वही ठीक समझा! तो महामंत्री बोले - महाराज, आपके लिये अनार छील दूँ!अब राजा को हँसी आ गई और बोले - ये सवाल दरबार में या कल सुबह भी पूछ सकते थे, आप आधी रात को ही क्यों आये? तो महामंत्री उवाच - मेरी धर्मपत्नी बोली - अभी जाओ, और पूछ के आओ, सच्ची बात का पता तो लगे.. तो राजा बात काट कर बोले - महामंत्री जी, अनार आप खुद घर ले जाओगे या किसी के हाथ घर भिजवा दूँ.....!!!

अब बेवड़ा, शराबी सुनना अच्छा नहीं लगता, इस प्रजाति के लोगों को ...मदिरा वीर....नाम से ही सम्बोधित करें...आखिर देश की अर्थव्यवस्था इन्हीं के कन्धों पर ही तो है....!!!

कुछ लोगों को अपनी किस्मत का रोना रोने की इतनी बुरी आदत होती है कि कई बार

तो ये भी कह देते हैं कि मेरा तो बैड लक
ही खराब है...!
अब ज़माना बदल गया प्यारे, अब यहाँ
लोगों को समझा कर नहीं, समझ कर
चलना होता है - बिल्कुल सही बात!

29

प्यार और कमर दर्द एक जैसा ही होता है...एक्सरे में नज़र नहीं आता...मगर होता है...!!!

कितनी अजीब बात है बहन जी, चाय वाले के राज में दूध महँगा हो रहा है!

गुरु जी शान से कहते थे कि मेरे होनहार विद्यार्थियों में बहुत से डॉक्टर, इंजीनियर, साइंटिस्ट हैं...लेकिन जब पेंशन रुकी, तब सिर्फ वो विधायक ही काम आया....जिसे उन्होंने आठवीं में फेल किया था...!!!

वो तीन दिन से बालकनी में बाल सुखाने नहीं आ रही...लगता है पड़ोसन अब रोज़ नहीं नहा रहीं...!!!

दो जुड़वां बच्चे कमरे में बैठे थे...एक हँस हँस कर लोटपोट हो रहा था, दूसरा उदास था! पिता ने पूछा - इतना क्यों हँस रहे हो?तो पहला बच्चा बोला - मम्मी ने दोनों बार इसको ही नहला दिया!

जिन्दगी के खेल में नो बॉल जैसी गलती हो जाये...तो रिश्तेदार फ्री हिट लेकर...छक्का मारने का कोई मौका नहीं छोड़ते...!!!

टाइम पास करने के लिये, साँस रोक कर

चुप्पी साध कर, ठण्डी आहें भरते हुए, खुद पर ही बनी मूवी भी देख सकते हैं - आप का विवाह...सत्य घटना पर आधारित!!!

शराब की दुकान पर जा कर वो बोला - दो बोतल इकोनॉमी बूस्टर देना!!!

सोचिये, अगर लड़कों को...घूँघट करने का हुक्म होता तो क्या होता?...लड़कियाँ तो ये सोच सोच कर पागल हो जातीं, कमीना दिखता कैसा होगा....???

मुस्कराते इन्सान की, कभी जेबें टटोलना हो सकता है, उसका रुमाल गीला मिले..!

मैडम ने बच्चे की कॉपी में लिखा - कृपया बच्चे को नहला कर भेजा करें!ज़वाब में बच्चे की माँ ने क्या बढ़िया लिखा, नहले पे दहला - कृपया बच्चे को पढ़ाया करें, सूंघा न करें...!!!

दूध सी सफेदी, फोटो एडिटिंग से ही आये... काली काली लड़कियाँ भी, खिल खिल जायें!

पिछली छुट्टियों में नानी के घर गए तो नाना को पैर की मरहम पट्टी करते देखा तो पूछा क्या हुआ, बोले - 'जूते ने काट लिया' बाद में मामा के घर गये तो जूते में तेल लगाते हुए देखा तो बोले - ये चूं चूं करता है, जब चाचा के यहाँ गये तो सुना कि वो तो जूते का यार है, फिर फूफा जी के यहाँ गए तो कह रहे थे - वो तो जूते खाये बिना मानेगा नहीं, इस होली पर एक आदमी को गधे पर बैठे देखा, गले में जूते हैं, लोग नाच गा रहे तो पापा ने बताया कि इसे इस साल मूर्खाधिराज चुना है, गले में जूतों का हार पहना सम्मानित किया है, वाह!कमाल है... जूते सम्मान प्रदान करने के काम भी आते हैं, इससे पहले जूते को काटते, आवाज़ करते, यार बनते, खाये

भी जाते यानी भूख मिटाते सुना कुछ और बड़े हुए तो पता चला फुटबॉल में सबसे ज्यादा गोल करने वाले खिलाड़ी को'गोल्डन बूट' दिया जाता है, यानी पुरस्कार में सोने का जूता और फिर ये भी पता चला कि वेस्टर्न टी वी व मूवीज़ में सर्वश्रेष्ठ अभिनेता को 'गोल्डन बूट अवार्ड' कमाल हैं - सम्मान अभिनेता का या जूते का!तभी रास्ते में देखा एक आदमी बेहोश पड़ाहै, शायद उसे मिर्गी का दौरा आया था, चारों तरफ भीड़ में से एक बुजुर्ग ने कहा - इसे जूता सुंघाओं, तो पता चला - जूता औषधि भी है! फिर एक शादी में जाना हुआ तो देखा - सालियों ने दूल्हे के जूते चुरा लिये, वापिस करने के लिये रुपये मांग रही है....ओह नो..जूते का अपहरण भी!फिर पण्डित जी ने याद दिलाया कि रामचन्द्र जी के वनगमन पर भाई भरत ने जूते अर्थात खड़ाऊँ को राज गद्दी पर विराजमान करके चौदह वर्ष अयोध्या का राज काज चलाया तो.....जूता 'महाराज' भी हैं!ये सब देख क्या आप को भी लगता है - जूते में जीवन है, जान है!

लड़कियाँ कहती हैं कि हम आज के ज़माने की लड़कियाँ हैं...जैसे हम लड़के तो मानो...हड़प्पा की खुदाई से निकले हैं...!!!!

ऊँचा सुनने की मशीन कितने की है!ग्राहक के पूछने पर दुकानदार - बीस रुपये से बीस हज़ार रुपये तक!तो ग्राहक - बीस रुपये वाली दिखाओ! अब दुकानदार - ये लीजिये कान में लगाने वाली मशीन ही जैसा बटन, शर्ट की जेब तक वायर का टुकड़ा!अब ग्राहक - ये काम कैसे करती है? इस पर दुकानदार बोला - ये कुछ भी काम नहीं करती, इसे लगा देख कर लोग आपसे जोर जोर से बोलते हैं...आपको कुछ सुनाई देने से आपका काम चल जाता है, हमारे यहाँ सब से ज्यादा यही मशीन ही

बिकती है...!!!!
पसन्द एआ गये हैं...कुछ लोगों को हम
कुछ लोगों को...ये बात पसन्द नहीं आई!
तुम्हारा दिमाग एक दम सड़ गया है!पत्नी के ये
कहने पर पति - तुम्हें ज्यादा पता है, तुम रोज़ रोज़
जो खाती रहती हो...!
मुझे आपसे बात नहीं करनी, पति द्वारा ठीक
है, कहने पर पत्नी जी ने पूछा - कारण जानना
नहीं चाहते तो पति बोले - मैं तुम्हारे फैसले की
इज़्ज़त करता हूं...!
कुछ लोग आपसे इसलिये भी नफरत करते हैं,
क्योंकि...बहुत सारे लोग आपसे प्यार करते हैं!
दुनिया भी जैसे, ताश के पत्तों का खेल है...
जोकर के साथ रहती है, रानी ही क्यों न हो!
मैं खुद ही कृष्ण हूँ और खुद ही अर्जुन हूँ इस
रण का! रोज़ अपना सारथी बन कर, जीवन की
महाभारत लड़ता हूँ...!!!
इश्क भी काफी महँगा हो गया, बढ़ती महंगाई
के साथ...पहले सिर्फ दिल धड़कता था, अब
तो नेट भी धड़कता है, अजब तन्हाई के साथ!
सिनेमा हाल में इन्टरवल के बाद, अँधेरे में अपनी
सीट की ओर लौटती महिला ने कोने वाली सीट
पर बैठे व्यक्ति से पूछा - भाई साहब, क्या बाहर जाते
समय, मैनें गलती से आपका पैर कुचल दिया था! वो
गुस्से में बोला - हाँ, कुचला था, अब क्या इतनी देर बाद
माफी माँग रही हैं? इस पर महिला बोली - माफ़ी वाफी
नहीं भैया, इसका मतलब मेरी सीट इसी लाइन में है..!
रुपया कितना भी गिरे...लेकिन उतना नहीं
गिरेगा, जितना रुपये के लिये लोग गिर जाते
हैं...वाह! वाह!क्या गहरी, सच्ची, सटीक बात!

30

जिन्दगी की सबसे बड़ी खुशी...उस काम
को करने में है...जिसे लोग कहते हैं...अरे!
ये तुम कर ही नहीं सकते...!!!
चुपचाप बैठो...ये वाक्य आपको के जी
नर्सरी के बाद...फिर...शादी के उपरान्त
ही सुनने को मिलता है...!!!
न गम है दिसम्बर के जाने का..न ही खुशी
न ही आनंद है...जनवरी के आने का...एक
एक कर के जाना ही तो है...दस्तूर ज़माने का!
हेलो, मैं कविता बोल रही हूँ...उधर से जवाब
आया - हाँ, तो बोलो न!मैं ताली बजाता हूँ...!
मित्र दो प्रकार के होते हैं - एक वो जो सुदामा को
भी अपना मित्र बना देते हैं...दूसरे वो जो अच्छे
भले को भी सुदामा बना देते हैं...!!!
बाबा, मैं घर में शान्ति कैसे लाऊँ...?शिष्य
के इस सवाल पर बाबा - रात को पीछे के
दरवाज़े से...!!!
अगर मुझ से बात करने से...आपके पति नाराज़
होते हैं...तो मत करो बात...अपने पति से...!!!
कार के पीछे एक व्यक्ति ने लिखवाया हुआ
था - बीवी से बहस...जिन्दगी तहस नहस!ऐसे

लगा कि जैसे इसे परम ज्ञान की प्राप्ति हो चुकी है, यदि सभी पति इस परम ज्ञान की अनुभूति कर लें, तो यह धरा स्वर्ग ही बन जाये...!!!

अपने शरीर को ज्यादा मोटा न होने देवें...क्योंकि जब कोई मुसीबत आयेगी... तो ज़रा सोचो!पतली गली से कैसे निकलोगे..!

माँ बाप के अलावा आपका बॉस ही होता है... जो कभी नहीं चाहता...आपकी कभी तबीयत खराब हो...!!!

वाकई दुनिया बदल रही है, पहले लोग अकेले में लव करते थे...अब फीलिंग लव विथ 99 अदर्स पोस्ट करते हैं...!!!

जो पानी से नहाते हैं...वो लिबास बदलते हैं जो पसीने से नहाते हैं...वो इतिहास बदलते हैं और जो कभी नहीं नहाते हैं...वो परफ्यूम बदलते हैं...!!!

गणित बहुत आसान है, सिर्फ ठीक से समझाने वाला शिक्षक होना चाहिए!एक बार मास्टर जी ने क्लास में पूछा - 2/3 और 3/2में कौन सी सँख्या अधिक है?एक भी छात्र उत्तर नहीं दे सका! मास्टर जी के हरियाणवी कुलीग ने इसी को आसान तरीके से पूछा कि दो बोतल में तीन आदमी या तीन बोतल में दो आदमी...किसमें ज्यादा मिलेगा??? सबने सही सही ज़वाब दे दिया!

शुक्र है, परिन्दों को नहीं पता...कि उनका मज़हब क्या है...??? वर्ना आसमां से भी...खून की ही बारिश होती...!!!

तीन इंजीनियर मरने के बाद स्वर्ग पहुँचे, हालांकि ये सच है, इंजीनियर वहाँ नहीं जाते, फिर भी अपवाद तो होते ही हैं, वहाँ चित्रगुप्त ने पूछा - स्वर्ग का दरवाज़ा रिपेयर कराना है, बताओ कितना खर्च आयेगा! पहले

पाकिस्तानी ने कहा - 9000 रुपये - 3000तो खर्चा, तीन हज़ार मेरा कमीशन और तीन हज़ार आपके! अब चीन वाले ने कहा कि तेंतीस हजार 11000 खर्चा, 11000 मेरा कमीशन और 11000 आप व आपके स्टाफ के! अब भारतीय ने कहा - 29000 रुपये - 10000 तो सीधे आपके, 10000 मेरा कमीशन और बाकी बचे 9000 तो ये ठेका 9000 रुपये में पाकिस्तानी को दे देंगे...!!!

फिजिक्स के अनुसार किसी चीज़ को उठाने से ज्याद...सरकाना बहुत ही आसान होता है - जैसे कि जिम्मेदारी...!!!

एक शादीशुदा आदमी की एक लड़की से दोस्ती थी, एक दिन वो उसके साथ डेट पर गया...दोनों ने एक साथ पूरा दिन गुजारा...वापसी में लड़की को घर छोड़ने के बाद...आदमी ने अपने जूते और पेण्ट मिट्टी से रगड़ कर गन्दे कर लिया और घर चला गया, पत्नी बोली - पूरा दिन कहाँ गये थे तुम, मैनें तुम्हारे पास इतने फोन किये लेकिन तुम रिसीव नहीं कर रहे थे! पति ने कहा - मेरी जान, मैं तुमसे कुछ नहीं छुपाना नहीं चाहता, मेरा लड़की से चक्कर चल रहा है, आज उसके साथ डेट पर गया था...पत्नी ने जूते और पैंट देखी तो बोली - झूठ क्यों बोल रहे हो? तुम आज फिर फुटबॉल खेलने गये थे....पति बोले - - उफ्फ! तुम्हें फिर सच पता चल गया...तुम बहुत चालाक हो, मेरी जान...!!!!

किस्मत का कोई भरोसा नहीं होता दोस्तो!... क्या पता, मेरी होने वाली बीवी भी... मेरी पोस्ट पर लाइक/कॉमेंट करती हो?...!!!

लेडी - बहुत अच्छा फेशियल किया, कितने साल का अनुभव है तुम्हे?? वो बोली - मैडम आज तो पार्लर में पहला दिन है, पहले बर्तन माँजती थी!

एक खबर - मुकेश अम्बानी दूसरे वर्ष भी वेतन

नहीं लेंगे!मैं तो यही सोच सोच परेशान हूँ, कैसे खर्च चलाते होंगे बिना वेतन के इतनी महंगाई में...एक तुम हो भागवान!तुम्हारा तो महंगाई का रोना ही जिन्दगी भर खत्म नहीं होता...!

लड़के सालों साल रिलेशनशिप में रहेंगे पर छोटे भाई को भनक नहीं लगने देंगे...पर लड़कियाँ चार दिन चैट करेंगी और पांचवे दिन छोटी बहन से बोलेंगी - देख, तेरे जीजू हैं...!!!

जन्म के समय नाम नहीं होता है, मात्र साँसे होती हैं...मृत्यु के समय नाम होता है, पर साँसे नहीं होतीं...इन्हीं साँसों और नाम के बीच की यात्रा को जीवन कहते हैं!...यथार्थ सत्य...!

31

अपने दुःख में अपना सारथी खुद ही बनिये...क्योंकि इस युग में कोई कृष्ण नहीं मिलेगा...!!!

पढ़ाई तो हर धंधे व नौकरी के लिये जरूरी है...पकड़े गये चार चोर बेचारे ए टी एम की जगह...पास बुक वाली प्रिंटिंग मशीन उठा लाये...!!!

नये साल में संकल्प लेने की कोई जरूरत ही नहीं है...क्योंकि अब अपनी बिगड़ने की उम्र नहीं रही...और सुधरने की तो बिल्कुल भी नहीं...!!!

आसान नहीं है पुरुष होना, किसी शादी में खुल कर नाच भी लें तो पास खड़ी औरतें तुरन्त ही बीवी से पूछेंगी...काय जिज्जी जेउ पियन लगे का...!!!

एक बार एक डॉक्टर साहब पार्टी में गये अपने बीच शहर के एक प्रतिष्ठित डॉक्टर को पा कर लोगों ने उन्हें घेर लिया, किसी को जुकाम था तो किसी के पेट में गैस, इसलिये सभी मुफ्त की राय लेने के चक्कर में डॉक्टर के पास पहुँच गये, वो तो शिष्टाचार वश किसी

को मना भी नहीं कर पा रहे थे, उसी पार्टी में शहर के नामी वकील भी आये हुए थे।मौका मिलते ही डॉक्टर साहब उन के पास पहुँचे व एक ओर ले जा कर बोले - यार!मैं तो परेशान हो गया हूँ, सभी फ्री में इलाज़ कराना चाहते हैं, तुम्हें भी ऐसे लोग मिलते हैं क्या? वकील ने ज़वाब दिया - हाँ, बहुत मिलते हैं तो डॉक्टर - तो फिर उनसे कैसे निपटते हो?वकील - बिल्कुल सीधा तरीका है, मैं उन्हें सलाह देता हूं जैसा कि वे चाहते हैं, बाद में फिर उनके घर बिल भिजवा देता हूँ...यह बात डॉक्टर साहब को जम गई, तो अगले दिन पार्टी में मिले कुछ लोगों के नाम बिल बनाये व उन्हें बस भिजवाने ही वाले थे, कि तभी उनका नौकर अंदर आया और बोला - साहब, कोई आपसे मिलना चाहता है।डॉक्टर ने पूछा - कौन है? नौकर ने ज़वाब दिया - वकील साहब का चपरासी है, कह रहा है... कल रात पार्टी में आपने वकील साहब से जो राय ली थी, उसका बिल लाया है...!!!

मैं हूँ...का मतलब हमेशा अहंकार का ही परिचायक नहीं होता...हो सकता है, इन्सान बिना कुंडी वाले शौचालय में बैठा हो...!!!

सत्तर प्लस बूढ़े आदमियों का ग्रुप तीर्थयात्रा पर चला! साथ चल रहे गाइड ने कहा अभी सुबह नहा कर दर्शन को चलेंगे...और याद रहे, यह तीर्थ यात्रा धाम है, इसलिये रास्ते में आजूबाजू औरत स्नान करती हुई दिखेंगी, पर ध्यान मत देना वर्ना बहुत ही बड़ा पाप लगेगा...और गलती से दिख जायें तो उसे नजरअंदाज करना और हरिओम, हरिओम बोलते हुए आगे बढ़ते रहना...! दो घँटे बाद कुछ आराम कर चले ही थे...कि एक बोला

- हरिओम! हरिओम! बाकी सारे एक साथ ही बोले - किधर है.....किधर है....??????

पेरेंट्स मीटिंग में पिता मैडम को ध्यान से देख रहा था...मैडम बोली - हाँ, तो बस इतना ही ध्यान आपको अपने बच्चे पर भी देना है.....!!!

सावधान रहें...दिल का आलम और सोशल मीडिया का बालम...कब बदल जाये...कोई भरोसा नहीं...!!!

रात में बिजली कट जाने पर ज्यादा शोर न करें और ना ही सरकार को कोसें, याद रखें, अच्छे दिनों का वादा हुआ था, अच्छी रातों का नहीं...!

आजकल संसद में शोरशराबे से भरे दयनीय हालात को देख कुछ ऐसे ही लगता है मानो - आओ भयँकर हलचल, हंगामे, उत्पात करें, आओ हम संसदीय भाषा मे बात करें, इस शीतकालीन सत्र में ऐसा ही लगा...न कोई मानता है, न ही कोई सुनता है, बस शोर ही शोर...घनघोर शोर...!!!

टैडी गिफ्ट करने से पहले आधार कार्ड वाली फोटो माँग रहा है... देखो! पगला भरी जवानी में...मौत माँग रहा है...!!!

तिजोरी पर लिखा था - तोड़ने की जरूरत नहीं, बटन दबाओ, खुल जायेगी! बटन दबाते ही पुलिस आ गई! पुलिस ने आते ही चोर से पूछा - तुम्हें अपनी सफाई में कुछ कहना है तो उसने कहा - माँ कसम, आज इन्सानियत से विश्वास ही उठ गया!

शादी के बाद भी यदि आपकी पत्नी सोमवार

के व्रत रख रही है तो ध्यान रखें, ये आपके लिये स्पष्ट चेतावनी है...ज्यादा चूं चपड़ की, तो आप से बेहतर की तलाश जारी है...!

मैं नहीं चाहता, मेरी बेटी अपनी पूरी जिन्दगी एक गधे के साथ गुजारे!लड़की के पिता के ये कहने पर लड़का बोला - बस इसीलिये मैं उसे हँसी खुशी शादी करके, आपसे आशीर्वाद ले कर ही, ले जाना चाहता हूँ...!!!

आपने शादी क्यों की?पूछने पर ज़वाब - बस ऐसे ही शौक के लिये!फिर पत्नी से भी यही सवाल पूछा तो ज़वाब, लाज़वाब - बस इनका शौक उतारने के लिये!

माँ, ये लड़कियाँ इतने व्रत क्यों रखती हैं?बेटे के ये पूछने पर ज़वाब - इतनी आसानी से थोड़ा ही मिल जायेगा किसी को तू!तो बेटा - अरे वाह!दिल खुश कर दिया, ये सुन कर तो माँ, देवत्व वाली फीलिंग आ गई!

कौन कहता है प्रेम में ताजमहल जरूरी है, थकी हुई बीवी के लिये इतनी सर्दी में...आटा गूँथ के देना भी प्रेम है...!

हर औरत की इज़्ज़त करो...इसलिये नहीं कि वो एक औरत है...बल्कि ये साबित करने के लिये कि आप की परवरिश....एक अच्छी माँ ने की है....!!!

साहब, मैं नौकरी छोड़ कर जा रहा हूँ, आपको तो मुझ पर विश्वास ही नहीं है, नौकर के ऐसा कहने पर मालिक - ऐसा कैसे कह सकते हो? हमारी तो तिज़ोरी की चाबियाँ तक तुम्हारे पास पड़ी रहती हैं, इस पर नौकर बोला - साहब, उसमें से तो एक भी नहीं लगती!

ताऊ चेकअप कराने हॉस्पिटल पहुँचा तो डॉक्टरनी बोली - लम्बी साँस लो, दो बार साँस लेने के बाद जब

पूछा कि कैसा महसूस हुआ तो ताऊ बोल्या - कौन सा सेंट लगा कर आई है बैरन, मज़ा आ गया!!!
कार से टकरा कर कबूतर बेहोश हो गया, एक आदमी उसे उठा कर घर ले आया और उसे पिंजरे में डाल दिया, कबूतर को जब होश आया तो वो बोला - आइला, जेल हो गई, वो कार वाला मर गया क्या?
फोन पर इतनी धीमी आवाज़ में किस से बात कर रहे हो?पत्नी के पूछने पर पति - बहन है, तो पत्नी जी बोलीं - फिर इतनी धीमी आवाज़ में किसलिये? इस पर पति जी बोले - तेरी है, इसलिये!
खुद से लड़ने के लिये, जिस दिन खड़ा हो जाऊँगा, देखना उस रोज़ मैं, खुद से बड़ा हो जाऊँगा!......वाह!वाह! क्या बात है!

32

खूब करता है...वो मेरे ज़ख्म का इलाज
कुरेद कर देख लेता है..साथ ही कहता है
फिर ये...अभी तो और वक्त लगेगा...!!!
सिर्फ मुस्करा दीजिये और कहिये कि
मैं ठीक हूँ...क्योंकि वास्तव में...अब
कोई किसी की...परवाह नहीं करता..!

कुछ दिन पहले मेरे पास एक फ्रेंड रिक्वेस्ट आई ।यह किसी मोनिका ग्रोवर के नाम से थी, एक्सैप्ट करने से पहले मैने आदतन उस की प्रोफाइल को चैक किया तो पता चला किअभी तक उसकी मित्रता सूची में कोई भी नहीं है, शक हुआ कि कहीं कोई फेक तो नहीं है, फिर सोचा नहीं, हो सकता है फेसबुक ने इस यूजर को नया मानते हुए इसे मेरे साथ मित्रता करने के लिए सजेस्ट किया हो. प्रोफाइल फोटो नदारद देखकर मैनें अंदाजा लगाया, शायद नई होऔर उसे फोटो अपलोड करनी नहीं आती या फिर वो संकोची हो सकती है, खैर मैनें रिक्वेस्ट एक्सेप्ट कर ली। सबसे पहले उसकी ओर से धन्यवाद आया...फिर मेरे हर स्टेटस को लाईक और कमेंटस मिलने शुरू हो गए!मैं अपने इस

नए कद्रदान को पाकर बेहद खुश हुआ... धीरे धीरे सिलसिला आगे बढ़ा व अब तो मेरी निजी जिंदगी से संबधित भी कमेंटस आने लगे, मेरी पसंद नापसंद को पूछा जाने लगा।अब वो कुछ रोमांटिक सी शायरी भी पोस्ट करने लगी थी... एक दिन मोहतरमा ने पूछा - क्या आप अपनी बीवी से प्यार करते हो!मैनें झट से कह दिया - हाँ... वो चुप हो गई ।अगले दिन उसने पूछा - क्या आपकी मैडम सुंदर है....? अब भी मैने व ज़वाब दिया - हाँ बहुत सुंदर है, अगले दिन वो बोली - क्या आपकी बीवी खाना अच्छा बनाती है?बहुत ही स्वादिष्ट - मैनें जवाब दिया, फिर कुछ दिन तक वो नजर नहीं आई।अचानक कल सुबह उसने मैसेज बाक्स में लिखा - मैं आपके शहर में आई हूँ... क्या आप मुझसे मिलना चाहेंगे?तो मैनें कहा - जरूर., , तो उसका ज़वाब था - ठीक है आ जाइये रूप गार्डन में, मिल भी लेंगे और मूवी भी देखलेंगे!मैनें कहा नहीं - मैडम आप ही आ जाइये मेरे घर पर... मेरे बीवी - बच्चे आपसे मिलकर खुश होंगे।मेरी बीवी के हाथ का खाना भी खाकर भी देखियेगा तो वो बोली - नहीं, मैं आपकी मैडम के सामने नहीं आऊँगी, आपने आना है तो आ जाओ, मैनें उसे अपने यहाँ ही बुलाने की काफी कोशिश की मगर वो नहीं मानी!वो बार बार अपनी पसन्द की जगह पर बुलाने की जिद्द पर अड़ी थी....और मैं उसे अपने यहाँ! अब वो तँग आ गई और झुंझला उठी और बोली - ठीक है, फिर मैं वापिस जा रही हूं, तुम डरपोक, महाडरपोक अपने घर बैठो!मैनें फिर भी उसे समझाने का प्रयास किया और सार्वजनिक स्थान पर मिलने के खतरे गिनाये, मैंने उसे अपने यहाँ बुलाने के लिये काफी

कोशिश की मगर वो नहीं मानी।हार कर मैंनें कह दिया - मुझ से मिलना है तो मेरे परिवार के सामने मिलो नहीं तो अपने घर को जाओ। वो ऑफ लाइन हो गई....!शाम को घर पहुँचा तो डाइनिंग टेबल पर लज़ीज़ खाना सजा हुआ था और स्वीट डिश की भीनी भीनी सुगन्ध आ रही थी! मैनें पत्नी से पूछा - कोई आ रहा है क्या खाने पर....? वो बोली - हाँ मोनिका ग्रोवर आ रही है! मैनें अचरज और हैरानी से भर कर कहा - क्या?...क्या??वो तुम्हें कहाँ मिली, तुम उसे कैसे जानती हो...??वो बोली - तसल्ली रखिये, मेरे प्यारे श्री मान जी! वो मैं ही थी जानेमन...आप मेरे जासूसी मिशन के इम्तिहान में पास हो गये.... अब आओ मेरे सच्चे हमसफ़र...खाना खायें...ठण्डा हो रहा है...!!!.... अगर मैनें समय रहते पत्नी जी का मोबाइल चेक नहीं किया होता ना! तो आज यह पोस्ट करने लायक न हो कर.... किसी आई सी यू...में ही पड़ा होता!... मैं तो किसी तरह बच गया...आप के पास...यदि ऐसी कोई....फ्रेंड रिक्वेस्ट आ जाये तो...जरूर जरूर...सावधान रहियेगा...और एक बात तो याद रखियेगा मुसीबत कभी भी बता कर नहीं आती जनाब...!

ठण्ड बहुत पड़ रही है...जीवित रहने के लिये...अपनी पत्नी से बात करते रहिये...क्योंकि वो जरूर कुछ ऐसा बोलेगी...कि आपके तन बदन में आग लग जायेगी और आप ठण्ड से बचे रहेंगे...इतनी कड़कती ठण्ड से बचने का सरल उपाय बता दिया...बाकी जैसी आपकी मर्जी...!

मोदी को सुनने से खुशी होती है और...राहुल को सुनने से हँसी आती है...और इस तरह हमारा देश हँसी खुशी से चल रहा है...फालतू में कुछ लोग यूँ ही लड़ते रहते हैं!

जहाँ तक मुमकिन था...कहानी सुनाई गई
जब गला भर गया...तो कलम उठाई गई...!

एक भाई ने अपने फेसबुक स्टेटस पे लिखा...कल रात मैनें पार्टी में ड्रिंक के सात पैग ले लिये...फिर

भी मुझे विश्वास था कि मैं ड्राइव कर सकता हूँ लेकिन...मैनें एक जिम्मेदार नागरिक का कर्तव्य निभाते हुए...एक टैक्सी बुक की और एक जगह जरूरी काम था, वहाँ चला गया था...400 लाइक्स मिले और 40 कमेंट्स मिले...लेकिन सब से बेस्ट कमेंट ये था...भाई तू ये तो बता टेक्सी ले के गया किधर...पार्टी तो तेरे घर पर ही थी...!!!

बचपन में हम बहुत नटखट थे....फिर शादी हो गई....सब नट ढीले हो गये...अब बस खट खट बची है...!!!

आ रहा है नया साल, अब सब शिकायतें छोड़ दीजिये!
हम खड़े हैं जिस राह पे, आप उसी राह पे मोड़ लीजिये!
हर जगह कस्तूरी ही महका करे, जरूरी नहीं
कभी कभार किसी की शख्सियत भी, खुशबू
दे जाती है और महका जाती है...यथार्थ सत्य!

33

दूसरों के दिलों में....आप जो स्थान रखते हैं...वही आपकी वास्तविक दौलत है...!!!
ठण्ड में नहाने से पहले इन्सान साइलेंट मोड़ पर...नहाते वक्त लाउड मोड़ पर व नहाने के बाद वाइब्रेशन मोड़ पर...!!!
कर्म एक ऐसा रेस्टोरेंट है, जहाँ ऑर्डर देने की जरूरत नहीं है, हमें वही मिलता है, जो हमने पकाया है...!!!
आप को नये साल की शुभकामनाएं, आप का पूरा साल मंगलमय हो - पत्नी जी के ये कहने पर मैने कहा - खा मेरी सौगन्ध पर वो चुप्पी साध गई...आप तो विद्‌वान हो, मुझ मूढ़ अज्ञानी को बताओ न, इसका मतलब...???
पत्नी महंगे दाम में नये खरीदे गये कुते कोआदेश देने पर उठना और बैठना सिखाने की कोशिश कर रही थी...काफी देर प्रयास करने के बाद भी सफल नहीं हुई तो पति बोले - रहने दो, तुमसे नहीं हो पायेगा इस पर पत्नी जी - हो जायेगा, शुरू में तुम्हारे साथ भी तो दिक्कत आई थी..!!!
कल रात इंटरनेट बन्द था और मोबाइल सर्विस भी कुछ देर के लिये काम नहीं कर रही थी तो मैं

थोड़ी देर के लिये अपने घर वालों के पास जा कर
बैठ गया! काफी अच्छे लोग हैं यार...!!!
उसने मुझ से पूछा - चाहोगे मुझे कब तक?मैनें भी
मुस्करा कर कह दिया - मेरी बीवी को पता न चले
तब तक...!!!
वास्तविक जीवन में पुरुषों को अप्सरा नाम
की केवल पैंसिल मिलती है और महिलाओं
को बादशाह नाम का मसाला, बाकी सब तो
मोहमाया है...!!!
पार्क में बैठे कुछ बुजुर्गों में रोटी के प्रकार को
ले बात चली तो एक ने कहा - सबसे स्वादिष्ट
रोटी माँ की ममता व वात्सल्य से भरी, पेट तो
भर जाता है, पर मन कभी नहीं भरता, दूसरी
रोटी पत्नी कीजिसमें अपनापन और समर्पण
भाव जिससे पेट वमन दोनों भर जाते हैं, तीसरी
रोटी बहू की होती है जिसमें सिर्फ कर्तव्य भाव
होता जो कुछ कुछ स्वाद भी देती है और पेट भी
भर जाये, चौथी रोटी नौकरानी की होती है जिससे
न तो इन्सान का न पेट भरता है न ही और न ही मन
तृप्त होता है व स्वाद की तो गारण्टी ही नहीं, इसलिये
माँ की पूजा करो, पत्नी को सबसे अच्छा दोस्त बना
जीवन जिओ, बहू को अपनी बेटी समझो, छोटी मोटी
गलतियाँ नज़रअन्दाज़ कर दो, बहु खुश रहेगी तो बेटा
भी आपका ध्यान रखेगा! यदि हालात चौथी प्रकार की
रोटी तक ले आएं तो प्रभु का शुक्र करो कि उसने हमें
जिन्दा रखा हुआ है, अब स्वाद पर ध्यान मत दो, केवल
जीने के लिये बहुत कम खाओ ताकि बुढ़ापा आराम से
कट जाए और सोचो कि वाकई हम कितने खुशकिस्मत
हैं, किसी के मोहताज़ तो नहीं!
आपका स्वर्ग में स्वागत है, आशा है आपने पृथ्वी

पर बढ़िया जीवन जिया होगा...इन्द्रदेव के ये कहने पर चौबे जी बोले - वो सब छोड़िये...लेकिन जोडियाँ स्वर्ग में बनती हैं...वाला डिपार्टमेंट कौन हैंडल करता है...जरा उससे बात करनी है...!!!

एक गधा दूसरे गधे से - दो नेता रोज़ आपस में लड़ते हैं - एक कहता है तुमसे गधा अच्छा है, दूसरा कहता है - तू गधे का बच्चा, मैं यह जानना चाहता हूँ, वो कौन सा नेता है जो मेरा बेटा है...!!!

विदेशों में युवा सरकार चलाते हैं, बूढ़ों को पेंशन देते हैं और भारत में बूढ़े सरकार चलाते हैं और युवाओं को टेंशन देते हैं...!!!

आज ऐ सी बस से आ रहा था, मेरे बाजू वाली सीट पर एक युवक युवती बैठे थे, दोनों एक दूसरे के लिये अजनबी थे, थोड़े समय बाद वे आपस में बात करने लगे, बातचीत उस मुकाम तक पहुँची जहाँ मोबाइल का आदान प्रदान होता है, लड़के का मोबाइल किसी वजह से ऑफ था तो उसने जेब से कागज़ निकाला, लेकिन लिखने के लिये उस के पास पेन नहीं था, बाजू की सीट पर बैठे हुए मेरा सारा ध्यान उन्हीं दोनों की तरफ था, मैं समझ गया कि लड़की का मोबाइल नम्बर लिखने के लिये पेन की जरूरत है, उस ने बड़ी आशा से मेरी तरफ देखा...मैनें अपनी शर्ट की ऊपरी जेब से लगा अपना पेन निकाला और...चलती हुई बस से बाहर फैंक दिया...ना खाऊँगा, ना खाने दूँगा...!!!

आँधियों से कहो, औकात में रहे...यहाँ जरा सा तार हिल जाने से, बिजली चली जाती है...!!!

यहाँ के आर टी ओ से निवेदन है कि लायसेंस का ट्रायल लेते समय ट्रैक पर दस पन्द्रह गड्ढे, दो चार गाय, भैंस, सांड और कुत्ते खड़े रखें ताकि एक्चुअल ट्रायल हो सके!

अपने देश मे लड़का...अपने पैरों पर जब तक खड़ा होता है...तब तक तो...उसकी.... प्रेमिका का लड़का

दोड़ने लगता है....!!!
अगर आप किसी दीवार से अकस्मात टकराते हैं और फिर भी आपकी नाक, मुहँ और दाँत सलामत रहते हैं तो यकीन मानिये की तोंद निकली हुई है...कभी कभी तोंद भी एयर बैग का काम करती है...पढ़ते पढ़ते आपकी मुस्कान बता रही है...कि आपका भी ऐसा ही हाल है...!!!
बीवी ने बर्तन धोते हुए पति को बुलाया...आप सब तो धुरन्धर विद्वान हैं...ये तो बताइये...इस वाक्य में बर्तन किसके द्वारा धूल रहे हैं...!!!
काफी दिनों के इलाज के बाद डॉक्टर साहब ने बोला - कल्ड तुम अपने परिवार वालों से मिल सकोगे, इस पर मरीज़ बोला - लेकिन डॉक्टर साहब मेरे परिवार वाले तो सारे मर चुके हैं फिर डॉक्टर का ज़वाब - मुझे मालूम है!
उत्तम से सर्वोत्तम वही हुआ...जिसने आलोचनाओं को सुना...और फिर खुद में सुधार किया!..यथार्थ सत्य

34

मैं चुप रहा, सहता रहा...गलतफहमियां बढ़ी और....फिर वो भी सुनाया उसने, जो मैनें कभी कहा भी नहीं, , , !!!

परमानेंट पासवर्ड तो...बना लेते तुम्हें पर करते भी क्या...तुम्हारे तो लक्षण ही...ओ टी पी वाले थे...!!!

एक पत्नी ने एक दिन अपने पति का मोबाइल चेक किया....उसमें नाम सेव किये हुए मिले...आँखो का इलाज, होंठों का इलाज, दिल का इलाज!...पत्नी ने गुस्से में अपना नम्बर डायल कर चेक किया....नाम आया...लाइलाज!!!

पाजामा व प्लाज़ो दोनों भाई बहन हैं, पाजामा सरकारी स्कूल से पढ़ा और प्लाज़ो कान्वेंट से पढ़ी है!

वो बोली - माँ बाप से बढ़ कर, दुनिया में कुछ नहीं होता, मैं बोला - अच्छा तो चलो, ...हम दोनों माँ बाप बन जाते हैं...फिर क्या था, तुरन्त ब्लॉक कर दिया गया!!

ऐ खुदा, हिचकियों में कुछ तो फर्क डाला होता, अब कैसे पता करूँ, कौन

सी वाली याद कर रही है...!!!
अगर किसी लड़की को दिलोजान से चाहते हो और वो लाख कोशिशों के बाद भी न मिले तो समझ लेना किसी दूसरी लड़की ने भगवान से तुम्हें माँग लिया है...ऐसा समझ लेने से बेइज्जती थोड़ी कम फील होती है!
अब मुझे तुम्हारे साथ नहीं रहना है!वो बोली तो मैंने कहा - पर, तुम तो कहती थीं, मैं तुम्हारे सपनों का राजा हूं!इस पर उसने कहा - हाँ तो, अब मैं जाग गई हूं..!
पिछले दिनों मैं एक सत्संग में गया वहाँ पर गुरु जी अपने प्रवचन में सुखमय दाम्पत्य जीवन में सकारात्मकता की महत्ता बता रहे थे, मैं रोज़ की घर में चिकचिक से दुखी था ही, सकारात्मकता को ही जीवन का मूलमंत्र बनाने का निश्चय कर घर पहुँचा तो उसी शाम बोली - इस बार एनीवर्सरी पर क्या गिफ्ट दे रहे हो? मैनें पूछा - क्या एनिवर्सरी इसी महीने है? ये सुनते ही वो नाराज़!अगले दिन श्रीमति जी ने कहा - क्यों न आज बाहर खाना खायें? और मैंने खाने की टेबल बाहर बरामदे में लगा दी... पर वो फिर नाराज़!दो दिन बाद बोली - क्या इस साल मैं उम्मीद रखूँ कि गर्मी की छुट्टियों में कहीं चलेंगे? मैनें कहा - उम्मीद रखो, उम्मीद तो कभी नहीं छोड़नी चाहिये!ये क्या???इस बार तो वो खूब नाराज़! फिर अगले दिन एक किताब में पढ़ा - पत्नी के खाने की तारीफ किया करो! सो मैनें कहा - तुमने आज बहुत बहुत बढ़िया सब्ज़ी बनाई है, आज कुछ अलग ही स्वाद है!मैडम जी अब भी नाराज़!बाद में बिटिया ने बताया कि सब्ज़ी पड़ोस वाली आँटी दे गई थी, अब मेरी क्या गलती? मैं कोई

अंतर्यामी हूँ!मैं वजन करने वाली डिजिटल मशीन ले आया था, जिस पर लिखा था - स्टेप ऑन इट जेंटली, अदरवाइज द ग्लास मे ब्रेक, जब श्रीमती जी वजन करने के लिये चढ़ने लगी तो मैनें सावधान किया - आराम से ही चढ़ना, वरना मशीन टूट जायेगी! बस इसी बात पर ही श्री मति जी फिर नाराज़!अगले दिन सर्राफा बाजार गये तो बोली - गले के लिये कुछ दिला दो! मैनें विक्स की दो गोली दिला दीं! उस की बात मान ली, वो फिर भी नाराज़! साला! इतनी ज्यादा सकारात्मकता बरतने के बाद भी श्रीमती जी मुझ से नाराज़ क्यों है??? समझ ही नहीं आ रहा!! अरे भई! यहाँ तो एक से बढ़ कर एक धुरन्धर, धांसू वीर, शादीशुदा लोग हैं, तुमको कुछ समझ आये मेरी सकारात्मकता में गलती, तो बताना, मुझ बेचारे का दाम्पत्य जीवन तो बिखरने से बच जायेगा...!!!

दोस्त की शादी में उसने इतना ज्यादा नागिन डाँस किया, कि दोस्त का बाप पूछ ही बैठा - बेटा, शादी होने देगा या नागमणि ले कर ही मानेगा!

प्लम्बर को लीकेज व नल रिपेयर के लिये बुलाया, एक घँटे में काम हो गया, मेहनताना आठ सौ रुपये मांगे तो मैंने कहा कि इतने तो मुझे इंजीनियर होने के बावजूद भी नहीं मिलते तो वो बोला - पलम्बर का काम शुरू करने से पहले मैं भी इंजीनियर था..!

इन्सान अगर शान्त वातावरण में रहे तो अपना. नफा नुकसान जरूर जान लेता है इसीलिये शादी में बैंड बाजे वाले बुलाये जाते हैं कि इस को सोचने का मौका न मिल जाये..!

सर, जो पढ़ता हूं, याद ही नही रहता!छात्र के ये कहने पर टीचर - अच्छा, बताओ, पिछली बार मेरे हाथों कब पिटे थे!ज़वाब मिला - जी, पिछले शुक्रवार को! तो अब टीचर - ये कैसे याद है? इस पर छात्र - सर, मुझे प्रैक्टिकल

में नहीं, थ्योरी में प्रॉब्लम है...!!!
एक लड़का, एक लड़की के पीछे हाथ धो कर पड़ा था, एक दिन लड़की ने मुहँ धो कर दिखा दिया - लव स्टोरी खत्म...!!!
आप जो लेख अपने अखबार में लिखते हैं, उन्हें कोई मूर्ख भी पढ़ना नही चाहेगा... इस पर लेखक - फिर तुमने पढ़ने का कष्ट क्यों किया!
लाइन मैन की पत्नी को भगा ले गया जेई - परसों अखबार में जब ये खबर पढ़ी - तो मैंने पास में ही बैठे मित्र को कहा - अब बताओ कहाँ से ठीक होगी बिजली व्यवस्था, वो लाइन ही जोड़ते रहे, इधर जे ई साहब ने मीटर ही उखाड़ लिया...!!!
भैंस की करुण पुकार - दूध तो मेरा भी पीते हो पर गाय को ही सिर्फ माता कहते हो...मुझे माँ नहीं पर...कम से कम... मौसी तो बुलाओ...!!!
जिन्दगी के लिये कभी भी, कोई खराब विचार आये तो, एक बात याद रखना, तुम जो जिन्दगी

35

मैं सही हूँ, वो गलत है...यही एक सोच ही कीमती रिश्तों को...खत्म कर देती है...! माँ के साथ बीवी की इज़्ज़त भी जरूर कीजिये...क्योंकि माँ ने तुम्हें चन्दामामा दिखाया है...और बीवी ने तारे...!!!
सोच कर बाज़ार गया था, अपने कुछ आँसू बेचने...हर खरीददार बोला...अपनों के दिये तोहफे बेचा नहीं करते...!!!
वक्त के साथ सब कुछ....भाड़ में ही चला जाता है... पर वक्त को समझ कर चलो तो कम से कम... नाम तो रह जाता है...!!!
क्लास के दौरान एक लड़के ने अपना फेसबुक एकाउंट खोला कि मैं खेल में फेसबुक यूज़ कर रहा हूँ!फ़ौरन क्लास के प्रोफेसर जो खुद फेस बुक यूज़ कर रहा था ने कमेंट किया-क्लास से बाहरनिकल जाओ, प्रिंसिपल जो अपने ऑफिस में फेसबुक पर था, प्रोफेसर के कमेंट को लाइक किया! दोस्त जो क्लास के बाहर ही था, ने कमेंट किया-ओए! कैफ़े आजा!माँ ने कमेंट किया-ओ, नालायक कहीं का, क्लास अटेंड नहीं करनी तो सब्ज़ी ले कर घर आ! बाप ने फौरन कमेंट किया-

देख लो अपने बेटे की हरकतें! उसी वक्त गर्लफ्रेंड का फोन आया-धोखेबाज! तूने तो कहा था कि मैं हॉस्पिटल में हूँ, दादी वेंटिलेटर पर आखिरी साँसें गिन रही है, इसलिये मिलने नहीं आ सकता! अंत में खतरनाक कमेंट डिजिटल इंडिया वाली दादी का-तेरे मुहँ में कीड़े पड़ें, हरामखोर, कमीने, अभी मैं जिन्दा हूँ...!!!!

आज दो लोगों ने मेरे पड़ोस में...बिना मारपीट के बातचीत से ही... झगड़ा सुलझा लिया, यार! ऐसे तो हम अपनी सभ्यता व संस्कृति खो बैठेंगें

जिस दिन सादगी श्रंगार हो जायेगी...उसी दिन बस आइने की तो फिर...हार हो जा जायेगी...!

महिलाएँ हथेली पर मेहँदी लगाते वक्त अपने पति का नाम इसलिये लिखती हैं ताकि वो उसकी मुट्ठी में रहे....मुझे भी इस बात का पता अभी अभी कुछ समय पहले ही चला सोचा, समय रहते आपको बता दूँ, कुछ का तो भला हो जाये...!!!

आदमी कचौरी, समोसे, कुलचे भटूरे खा कर बीमार हो जाता है, फिर अस्पताल में बेड पर पर लेट कर रिश्तेदारों के लाये संतरे, सेब खाता है......उसके रिश्तेदार अस्पताल के बाहर खड़े हो कर कचौरी, समोसे कुलचे भटूरे खाते हैं.... यही जीवन चक्र है, बाकी सब मोहमाया है!

अपने काम से काम रखना....दुनिया का सबसे मुश्किल काम है...!

भाई साहब, ये अंडरवियर कितने का है?
..मेरे पूछने पर दुकानदार-चार सौ रुपये का !
इस पर मैनें कहा अरे!पार्टी वियर नहीं, घर
..पहनने के हिसाब का ही दिखाओ...!

सँसार की सभी महिलाएँ, अपने पुत्र को श्रवण बनाना चाहती हैं, पर अपने पति को श्रवण बनते देखना बर्दाश्त नहीं करतीं!
अगर मेरे हाथ में सरकार होती तो मैं देश की तकदीर बदल देता!शराबी पति के ये कहने पर पत्नी-अरे! पाजामा तो बदल ले पहले, कर्मजले बेवड़े, सुबह से मेरी सफेद सलवार पहने घूम रहा है...!
एक गिरगिट ने अपने सुसाइड नोट में लिखा--"मैं आजकल रँग बदलने में लोगों का मुकाबला नहीं कर पा रहा हूं...!
पत्नी दो प्रकार की होती है, पहली--जो अपने पति की हर बात मानती है, प्यार से समझाती है, गुस्सा भी करें तो बुरा नहीं मानती, सब के साथ सही व्यवहार करते हुए, हर काम सलीके से करती है!...और दूसरी----जो हम सबके पास है...!
पत्नी---शादी से पहले....परी!
शादी के बाद----परिस्थिति!
जब हमें ये पता लगा कि जिन्दगी आखिर है, क्या?......तब तक जिन्दगी आधी हो गई थी!
कोई जलेबी की तरह सीधा है, कोई टेडी खीर है, किसी के मुहँ में घी शक़्कर है, सबकी अपनी अपनी तकदीर है, यही जिन्दगी की तस्वीर है..!
कुछ लोग दिन भर पूछते रहते हैं...और क्या चल रहा है...मैंनें भी बोल दिया...चक्कर चल रहा है... कर लो पता...किससे चल रहा है...हाँ, नहीं तो...!
???????????
खूबसूरती दिल और ज़मीर में होनी चाहिए लोग भी बेवजह पता नहीं क्यों, शक्ल और

कपड़ों में ढूंढते हैं!..यही बात तो समझनी है

हमारी रचनाएं पढ़ने के लिए धन्यवाद

* 9 7 9 8 8 8 9 7 5 3 6 4 3 *

FCW - #0143 - 061026 - C0 - 203/127/9 - PB - 9798889753643 - Matt Lamination